U0508756

作者衷心感谢国家自然科学基金（71303258，71373285）、国家社科基金重大项目（13&ZD159）、教育部人文社科基金（13YJC630148）、教育部博士点基金（20120007120015）、中国石油大学（北京）青年拔尖人才科研启动基金（BJ-2011-03）对本书研究成果的资助。

ECONOMIC EFFECT

OF

THE

唐旭 张宝生 ／ 著

石油产业的
经济波及效应

IL

INDUSTRY

社会科学文献出版社
SOCIAL SCIENCES ACADEMIC PRESS (CHINA)

前　言

石油是当今世界上主要的一次能源，也是现代化学工业最重要的原料之一。我国自 1993 年成为石油净进口国、1996 年成为原油净进口国以来，石油对外依存度逐年上升，2012 年已经达到 58%。随着经济和社会的快速发展，我国对石油的需求也越来越大。近十年来，我国国民经济年均增长率是 9.9%，石油消费年均增长率是 6.9%，而石油产量年均增长率只有 2.2%。2013 年 BP 统计资料显示，2012 年我国原油生产量为 2.08 亿吨，占全球原油生产量的 5.0%，而石油消费量为 4.84 亿吨，占全球石油消费总量的 11.7%。

石油产业是国民经济的基础行业，涉及行业广泛，传导作用强，对我国国民经济发展有着深远的影响。从产业链波及的角度来看，石油属于上游的生产资料。通常情况下，上游生产资料的变动会向下游产品扩散，进而波及最终消费品。石油的产业链条大致可以分为燃料能源类和工业原料类两条，前者的传导路径较短，影响较快，而后者的传导路径很长，影响滞后。从行业波及的角度来看，石油几乎波及国民经济的每一个行业。这些行业中的有些行业会主要受到上述其中一类产业链条的影响，如航空业主要受到燃料能源类的产业链条波及影响；有些行业则受到两大类链条的同时影响，如农业既受以柴油为代表的燃料能源类的产业链条波及影响，也受到以化肥、农药为代表的工业原料类的产业链条波及影响。

作为发展中国家的代表，中国国民经济和石油需求在未来较长一段时期内仍将保持持续稳定增长。因此，定量研究和分析石油产业这一基础行业对国民经济的经济波及效应有利于石油等相关行业以及国民经济的健康发展。有鉴于此，本书以石油产业与国民经济的关联性为依据，从多个视角来研究我国石油产业对国民经济的经济波及效应。全书共分八章。第一章，基础理论。本章对本书涉及的两种主要研究理论（投入产出分析和系统动力学）进行简要介绍。第二章，石油产业在我国国民经济中的地位及其影响分析。本章简要分析了我国石油产业的现状；从石油产业在国民经济中同时扮演的两种"角色"——产品供应部门和产品购买部门出发，采用投入产出表来分析石油产业与其他产业部门的关联，从而反映其在国民经济中的地位。第三章，石油产业波及效应理论研究。本章对目前涉及产业波及效应的相关研究进行了总结，并着重分析了当前研究存在的主要问题，在此基础上初步构建了石油产业波及效应理论：波及效应的基本概念、波及效应在不同角度下的基本分类、石油产业波及效应的机理、石油产业波及效应包含的主要研究内容和基本模型。第四章，石油产业波及效应的计算分析。本章采用第三章中基于静态投入产出模型的波及效应计算模型对石油开采业和石油加工业单位产出变化的直接波及效应、间接波及效应、诱发波及效应进行了计算分析，也对这些波及效应的历史变化进行了分析；同时，对石油开采业和石油加工业作为产品供应部门的成本影响和潜在波及效应分别进行了计算分析。第五章，石油产业波及效应的仿真模拟。本章基于系统动力学和动态投入产出模型的基本原理，构建了八部门系统动态投入产出模型，并仿真模拟了石油产业对国民经济各产业的各类波及效应变化、石油产业对整个国民经济的波及率以及进口石油对国民经济的波及率等。第六章，石油产业波及效应的波及路径分析。本章分析了石油产业作为产品购买部门对其他产业间接波及效应、诱发波及效应的波及路径和速率；也分析了石油产业作为产品供应部门对特定产业成本影响波及效应的波及路径和速率。第七章，石油产业波及效应的经济控制分析。本章根据经济控制论的基本原理和方法对石油产业－国民经济系统的能控性、能观测性等系统特性进行分析，并引入状态反馈矩阵对该系统的反馈控制进行分析；为促使石油产业对国民经济的波及效应向健康方向发展，本章从多个角度提出相关政策建议。第八章，结论。本章对全书的主要研究工作及研究结论进行总结。

　　石油产业与国民经济之间的关系问题是一个复杂的理论和现实问题。尽管笔者已经付出了艰辛的努力来修改和完善书稿，但由于学识有限，书中难免存在不足甚至错误之处，敬请学术师长、同行专家和各方尊敬的读者批评指正。

作者

2013 年 9 月

第一章

基础理论

作为发展中国家的代表，中国国民经济和石油需求在未来较长一段时期内仍将保持稳定增长。因此，定量研究和分析石油产业这一基础行业的经济影响对我国国民经济的健康发展就十分重要。当前国内外很多学者已经采用投入产出分析、可计算一般均衡、计量经济建模等方法手段对该问题展开研究并取得了积极成果。这些研究主要集中在油价对相关产业部门、物价水平、国民经济等方面的影响，然而，基于石油产业视角来研究各类波及效应测算、波及路径分析、波及效应模拟等方面的研究成果还比较缺乏。本书开展石油产业的经济波及效应研究，无论在理论和模型研究方面，还是在运用方面都具有很强的研究价值和意义。

本书研究主要采用的理论方法是投入产出分析和系统动力学。投入产出分析主要从横向的平面角度来研究石油产业对国民经济其他产业的各类波及效应，而系统动力学主要从纵向的角度来仿真模拟石油产业波及效应的动态变化。在具体的研究过程中，本书根据研究需要对投入产出分析、系统动力学的基本模型进行了改进和完善，比如将投入产出分析中的居民消费、政府支出、投资等最终需求进行分解，利用改进后的静态投入产出模型来定量研究石油产业的各类波及效应以及相关的波及路径、波及速率等；将系统动力学与动态投入产出模型相结合，构建系统动态投入产出模型，对石油产业波及效应的动态变化进行仿真模拟。这些内容将在本书后面的相关章节中涉及，本章主要对投入产出分析和系统动力学的基础理论进行介绍，进而为后文的具体研究进行知识准备。

第一节　投入产出分析

一　投入产出分析的基本理论及思想渊源

投入产出分析又被称为"投入产出法""投入产出技术""产业关联法""部门联系平衡法"。投入产出分析的基本思想和原理，最早由美国著名经济学家瓦西里·列昂惕夫于 20 世纪 30 年代提出。列昂惕夫在前人的研究基础上，于 1931 年开始研究投入产出分析，他利用美国国情普查的资料编制了美国 1919 年和 1929 年的投入产出表，并于 1936 年发表《美国经济制度中投入产出数量关系》一文，这标志着投入产出分析的诞生。投入产出分析是研究国民经济体系中各个部分之间投入与产出的相互依存关系的重要数量分析方法之一。投入产出分析的核心投入产出表，是一张反映各种产品生产投入来源和去向的棋盘式表格，其所反映的部门之间联系是生产技术的经济联系。

通过编制投入产出表和模型，能够清晰地揭示国民经济各部门、产业结构之间的内在联系，特别是能够反映国民经济中各部门、各产业之间在生产过程中的直接与间接联系，以及各部门、各产业生产与分配使用、生产与消耗之间的平衡关系。投入产出分析与经济活动中经常涉及的"少投入，多产出"有所区别。"少投入，多产出"是经济活动和管理的总体目标和要求，其主要从经济活动的效益最大化为基本出发点；而投入产出分析则以定量的分析手段来研究分析国民经济各子系统之间投入和产出的依存关系，它是经济学、管理学以及数学等学科相结合的交叉科学。所谓投入，是指从事经济活动中对原材料、辅助材料、燃料、办公用品、机器设备、劳动力等资源的消耗，它是进行生产活动的前提条件；产出，是指从事经济活动后得到的生产成果，即生产的产品总量以及它们的使用分配去向，包括生产活动过程中发生的中间使用以及最终产品的使用，其中最终产品的使用由居民消费、政府消费、积累和进出口等构成。

经济系统的各种要素彼此相关，其中某一要素量值发生变化，必然会首先影响到与它直接发生联系的要素，接着会波及相邻要素，进而能够引起更多要素的量值发生变动，这就是经济系统的波及效应。经济系统各要素间直接发生的联系容易被观察到，但它们之间的间接联系以及波及效应则比较隐蔽。模拟和计算经济活动的波及效应是投入产出分析的突出功能之一。投入产出模型中的完全系数就是对它的准确反映，这是任何其他模型以及手工计算都难以做到的。

投入产出分析的思想渊源可以追溯到 1758 年重农学派经济学家魁奈发表的《经济表》。这是描述国民经济各部门之间相互依存关系的最初模型，是把握国民经济运转体系的最初尝试。魁奈试图用一张表来描述某个经济体系中的生产阶级（农业生产者）、非生产阶级（工商业）和贵族阶级这三个阶级之间的、以农产品为中心的产品流通过程。投入产出分析法的另一个非常重要的思想渊源来自里昂·瓦尔拉斯的一般均衡理论。瓦尔拉斯吸收了经济联系的思想，认为经济系统内部任何一种商品或要素的供给、需求以及价格都不是孤立的，而是与其他商品或要素存在着某种关联。他独创性地提出一般均衡理论模型，用数学方法证明，当所有商品和要素的价格和数量调整到互相协调的水平时，全社会的商品和要素都将达到均衡状态。在这个由交叉联系的商品和要素组成的复杂的经济系统中，一般均衡模型所要解决的中心问题是：存在这样一组价格和数量的均衡解，使得所有商品和要素市场同时达到均衡状态。一般均衡模型表明，在市场经济中，均衡的价格体系可以用数学方法来确定。从理论上来说，瓦尔拉斯一般均衡模型是严密的，但其最大的缺点就是缺乏可行性。因此，一般均衡模型无法作为一种实证分析工具，也就无法解决实际经济问题。

列昂惕夫吸收了一般均衡的经济思想，并从可行性出发，创造了投入产出分析。投入产出分析继承了一般均衡理论的基本思想，在维持技术状况在一定时期内不变的基本假设前提下，对一般均衡模型进行简化：用部门代替了企业和个人，减少了方程数目；生产要素之间的可替代性暂不考虑；价格对经济主体的影响暂不考虑。从而在此基础上，使投入产出分析变成了可以计量的体系。尽管投入产出分析与一般均衡模型有密切的联系，但是两者的区别也很明显。投入产出分析主要研究产业结构与产业间的经济联系，一般均衡模型则集中解决均衡价格的决定问题。

二 投入产出表

投入产出分析主要由两部分组成：投入产出表和投入产出模型。其中，投入产出表是基础。

（一）投入产出表的基本结构与平衡关系

投入产出表是反映一个经济系统各部分之间的投入和产出的数量依存关系的表格，其结构是一种特殊的纵横交错的棋盘式表格。表1-1为价值型投入产出表的简化表。

从表1-1中可以看出，投入产出表主要由三个部分组成。

第一部分，又称第一象限，这部分是投入产出表的核心，它充分揭示了国民经济各产品部门间相互依存、相互制约的技术经济联系，反映了国民经济各产品部门间相互依赖、相互提供劳动对象供生产和消耗的过程。该部分的每个数字都具有双重经济意义：沿行方向看，反映第 i 产品部门生产的货物或服务提供给第 j 产品部门使用的价值量，被称为中间使用；沿列方向看，反映第 j 产品部门在生产过程中消耗第 i 产品部门生产的产品或服务的价值量，被称为中间投入。

第二部分，又称第二象限，是第一部分在水平方向上的延伸，它反映各产品部门生产的货物或服务用于各种最终使用的价值量及其构成。

第三部分，又称第三象限，是第一部分在垂直方向上的延伸，它反映各产品部门增加值构成情况。

表 1 - 1　价值型投入产出表的简化表

产投出入		中间使用			最终使用										进口	总产出
					最终消费					资本形成总额						
		部门1	·j·	部门n	中间使用合计	居民消费			政府消费	合计	固定资本形成额	存货增加	合计	出口	最终使用合计	
						农村居民消费	城镇居民消费	小计								
中间投入	部门1·i·部门n中间投入合计	第Ⅰ象限				第Ⅱ象限										
增加值	固定资产折旧　劳动者报酬　生产税净额　营业盈余　增加值合计	第Ⅲ象限														
总投入																

投入产出表中基本的平衡关系如下：

① 行平衡关系：中间使用＋最终使用－进口＝总产出

② 列平衡关系：中间投入＋增加值＝总投入

③ 总投入＝总产出

④ 中间投入合计＝中间使用合计

⑤ 增加值合计＝最终使用合计－进口合计

（二）投入产出表的编制及更新

1988 年 3 月，国务院办公厅印发了《关于进行全国投入产出调查的通知》，决定在全国范围内进行第一次投入产出专项调查，编制1987 年全国投入产出表，以后每五年进行一次。同时明确规定，以后每 5 年编制全国投入产出调查表，即每逢"3""8"年份编制"2""7"年份的投入产出调查表，比如 2002 年、2007 年，5 年中间的"5""10"年通过调整系数编制全国投入产出延长表，比如 2005 年、2010 年。这就在全国形成了一种制度。为集中使用人力、财力，便于进行地区间的对比和分析，全国各省（市）、自治区（西藏除外）和计划单列市都能与国家同步编制本地区投入产出表，以满足本地区经济管理和决策的需要。据不完全统计，全世界已有 160 多个国家或地区编制了投入产出表。我国与世界各国一样，已由早期的试编试用阶段进入了普及应用阶段。

由于投入产出表的编制要耗费大量的时间、人力和财力，如何有效、快速地编制和更新投入产出表一直是国内外学者的努力研究方向。在投入产出模型中，直接消耗系数是一个最基本的系数，该系数直接影响模型的计算结果，决定着模型应用的质量，具有重要的意义。因此，投入产出表编制和更新的关键是如何及时修正直接消耗系数，需要考虑的因素主要有生产技术变化、产品结构改变、生产资料价格变动等。准确可靠的直接消耗系数修订方法是根据实际调查数据，重新建立直接消耗系数矩阵，缺点是耗费大量的人、财、物，且耗费时间长。因此，有效可行的直接消耗系数修订方法是非调查法。非调查法主要有专家评估法和经济数学方法。专家评估法是根据专家的经验和意见来修改直接消耗系数，优点是可以根据专家的丰富经验，同时可以结合过去的历史信息和未来的发展判断来确定直接消耗系数的变动，但是专家评估法具有一定的主观性。在经济数学方法方面，目前已经有不少这种类型的方法用于直接消耗系数的修订，比如 RAS 法、拉格朗日待定系数法、二次规划方法等。其中，最常用的方法是 RAS 法以及各种形式的改进 RAS 法。

三　投入产出分析的主要系数

进行投入产出分析时，通常涉及的主要分析系数如下。

（一）直接消耗系数

直接消耗系数 a_{ij} 是部门 j 生产单位产品所消耗部门 i 产品的数量，公式如下：

$$a_{ij} = X_{ij}/X_j \tag{1.1}$$

其中，X_{ij} 表示第 j 部门在生产中消耗第 i 部门的产品量，X_j 表示第 j 部门的总投入。

直接消耗系数可以用矩阵形式表达，直接消耗系数矩阵 A 表达如下：

$$A = \begin{bmatrix} a_{11} & a_{12} & \cdots & a_{1j} & \cdots & a_{1n} \\ a_{21} & a_{22} & \cdots & a_{2j} & \cdots & a_{2n} \\ \cdots & \cdots & \cdots & \cdots & \cdots & \cdots \\ a_{i1} & a_{i2} & \cdots & a_{ij} & \cdots & a_{in} \\ \cdots & \cdots & \cdots & \cdots & \cdots & \cdots \\ a_{n1} & a_{n2} & \cdots & a_{nj} & \cdots & a_{nn} \end{bmatrix} \tag{1.2}$$

（二）完全消耗系数

直接消耗系数矩阵反映了各个部门间的直接消耗关系，但是产品在生产过程中除了与其他产品有直接联系外，还存在着间接联系，这种联系在各种产品的相互消耗中表现为直接消耗和间接消耗。比如生产产品 A，需要直接消耗材料 1，同时又要直接消耗材料 2、材料 3

等，而这些材料2、材料3等的生产又要消耗材料1，这样通过材料2等的生产形成了产品 A 对材料1的一次间接消耗；而材料2等的生产同时需要消耗其他材料，这些材料的生产又需要消耗材料1，于是形成生产产品 A 对材料1的二次间接消耗，之后还有三次、四次等间接消耗。因此，生产产品 A 对材料1的完全消耗是对材料1的直接消耗与所有间接消耗的总和。

为此，引入完全消耗系数的概念来描述部门间的间接经济技术联系。完全消耗系数是指某一产业部门每一单位产品的生产，对各产业部门产品的直接消耗量和间接消耗量的总和。它能全面反映产业部门内部和产业部门之间直接的和间接的技术经济联系。这对于分析国民经济与产业结构具有重要的作用。完全消耗系数矩阵比直接消耗系数矩阵更全面、更本质地反映了生产过程的经济技术联系。完全消耗系数的计算公式如下：

$$B = (I - A)^{-1} - I \qquad (1.3)$$

其中 B 为完全消耗系数矩阵，A 为直接消耗系数矩阵。$(I - A)^{-1}$ 被称为列昂惕逆系数，又被称为完全需求系数。

（三）折旧系数

折旧系数 a_{Dj} 是指部门 j 生产单位产品所提取的折旧基金，公式如下：

$$a_{Dj} = D_j / X_j \qquad (1.4)$$

其中，D_j 表示第 j 部门一年中所提供的折旧基金。

（四）劳动报酬系数

劳动报酬系数 a_{wj} 是指部门 j 生产单位产品需付出的劳动报酬，公式如下：

$$a_{wj} = W_j / X_j \qquad (1.5)$$

其中，W_j 表示第 j 部门一年中支付的劳动报酬。

（五）社会纯收入系数

社会纯收入系数 a_{Mj} 是指部门 j 生产单位产品为社会创造的纯收

入，公式如下：

$$a_{Mj} = M_j/X_j \qquad (1.6)$$

其中，M_j 表示第 j 部门劳动者一年内为社会创造的新的价值（税金、利润等）。

（六）国民收入系数

国民收入系数 a_{Nj} 是指部门 j 生产单位产品创造的国民收入，公式如下：

$$a_{Nj} = N_j/X_j \qquad (1.7)$$

其中，N_j 表示第 j 部门劳动者一年内所创造的净国民收入。

（七）感应度系数

感应度系数 E_i 反映当国民经济各个产品部门均增加一个单位最终使用时，某一产品部门由此而受到的需求感应程度，也就是需要该部门为其他部门的生产而提供的产出量。感应度系数 E_i 的计算公式为：

$$E_i = \frac{\sum_{j=1}^{n} \bar{b}_{ij}}{\frac{1}{n}\sum_{i=1}^{n}\sum_{j=1}^{n} \bar{b}_{ij}} \qquad i = 1,2,\cdots,n \qquad (1.8)$$

公式（1.8）中，分子为列昂惕夫逆矩阵的第 i 行之和，分母为列昂惕夫逆矩阵各行之和的平均值。

当 $E_i > 1$ 时，表示该部门所受到的感应程度高于社会平均感应水平（即各产品部门所受到的感应程度的平均值）；当 $E_i = 1$ 时，表示该部门所受到的感应程度等于社会平均感应水平；当 $E_i < 1$ 时，表示该部门所受到的感应程度低于社会平均感应水平。

（八）影响力系数

影响力系数 f_j 反映当国民经济某一产品部门增加一个单位最终使用时对国民经济各产品部门所产生的生产需求及波及程度。影响力系数 f_j 的计算公式为：

$$f_j = \frac{\sum\limits_{i=1}^{n} \bar{b}_{ij}}{\frac{1}{n} \sum\limits_{j=1}^{n} \sum\limits_{i=1}^{n} \bar{b}_{ij}} \qquad j = 1, 2, \cdots, n \qquad (1.9)$$

公式（1.9）中，分子为列昂惕夫逆矩阵的第 j 列之和，分母为列昂惕夫逆矩阵各列之和的平均值。

当 $f_j > 1$ 时，表示第 j 产品部门生产对其他产品部门所产生的波及影响程度高于社会平均影响力水平（即各产品部门所产生的波及影响的平均值）；当 $f_j < 1$ 时，表示第 j 产品部门生产对其他产品部门所产生的波及影响程度低于社会平均影响力水平；当 $f_j = 1$ 时，表示第 j 产品部门生产对其他产品部门所产生的波及影响程度与社会平均影响力水平相同。

利用感应度系数和影响力系数可以综合地分析各产业部门在国民经济中的地位和作用。

四　投入产出分析的模型分类

投入产出分析的模型分类按照所反映的时间因素不同，可分为静态投入产出模型和动态投入产出模型。

静态投入产出模型是反映一个时点上经济系统各部分间的投入产出关系。在实践运用中，静态投入产出模型得到了广泛的运作，其基本模型表达式如下：

$$\sum_{j=1}^{n} X_{ij} + Y_i = X_i \qquad (1.10)$$

其中，X_{ij} 表示第 i 产业提供给第 j 产业的中间产品；Y_i 是指对第 i 产业产品的最终需求，包括居民和政府消费、投资、存货等；X_i 表示 i 产业的总产出。

根据前面所示的直接消耗系数计算公式（1.1），可以变换得到：

$$X_{ij} = a_{ij} \cdot X_j \qquad (1.11)$$

这样，公式（1.10）就可以变换成：

$$\sum_{j=1}^{n} a_{ij} \cdot X_j + Y_i = X_i \tag{1.12}$$

写成矩阵形式为：

$$AX + Y = X \tag{1.13}$$

进一步求解得出：

$$X = (I - A)^{-1}Y \tag{1.14}$$

其中，$(I - A)^{-1}$ 是列昂惕夫逆系数矩阵，I 为单位矩阵。

相对于静态投入产出模型只反映一个时点上经济系统各部分间的投入产出关系，动态投入产出模型是反映一段时期内经济系统投入产出关系的变化发展过程。静态投入产出模型中的投资或积累一般是作为事先确定的外生变量来处理的，不反映投资和积累对下一个再生产周期的推动与制约作用。动态投入产出模型中的投资和积累，则是本期生产增量对下期作用的函数，从而作为模型的内生变量由模型本身求解得出。可见，静态投入产出模型和动态投入产出模型的主要区别在于：前者的变量不涉及时间因素，后者的变量则随时间而变化。

因此，动态投入产出模型更能反映社会再生产过程总是动态发展的经济实际。动态投入产出模型可以进一步分为连续型动态投入产出模型和离散型动态投入产出模型。

（一）连续型动态投入产出模型

连续型动态投入产出模型是以微分方程表示的动态模型，由列昂惕夫于1953年提出。模型将最终产品分为两类：生产性投资产品和最终净产品，公式如下：

$$y_i = \Delta F_i + \bar{y_i} \tag{1.15}$$

其中，ΔF_i 是指 i 部门用于生产性投资品的数量，$\bar{y_i}$ 是指最终净产品。

ΔF_i 可以按照占用部门进行分解，公式如下：

$$\Delta F_i = \sum_{j=1}^{n} \Delta F_{ij}, i = 1, 2, \cdots, n \tag{1.16}$$

其中，ΔF_{ij} 是指 j 部门新增的来自 i 部门的作为生产性投资品的数量。在静态投入产出模型中引入时间概念，公式如下：

$$x_i(t) = \sum_{j=1}^{n} a_{ij} x_j(t) + y_i(t), i = 1, 2, \cdots n \qquad (1.17)$$

结合公式（1.15）、公式（1.16）和公式（1.17），得出：

$$x_i(t) - \sum_{j=1}^{n} a_{ij} x_j(t) - \sum_{j=1}^{n} \Delta F_{ij}(t) = \bar{y}_t(t), i = 1, 2, \cdots, n \qquad (1.18)$$

根据导数的基本概念，得出：

$$\Delta F_{ij}(t) = \frac{F_{ij}(t+1) - F_{ij}(t)}{\Delta t} \times \Delta t, \frac{dF_{ii}(t)}{dt} = \frac{dF_{ij}(t)}{dx_j(t)} \times \frac{dx_j(t)}{dt} \qquad (1.19)$$

定义第 t 年的投资系数如下：

$$b_{ij}(t) = \frac{dF_{ij}(t)}{dx_j(t)} \qquad (1.20)$$

当时，公式（1.19）改写为：

$$x_i(t) - \sum_{j=1}^{n} a_{ij} x_j(t) - \sum_{j=1}^{n} b_{ij}(t) \frac{dx_j(t)}{dt} = \bar{y}_i(t), i = 1, 2, \cdots n \qquad (1.21)$$

其矩阵形式如下：

$$x(t) - Ax(t) - B\dot{x}(t) = \bar{y}_i(t) \qquad (1.22)$$

其中，$B = (b_{ij})_{mxn}$ 称为投资系数阵。

公式（1.22）即为动态投入产出模型。如果扩充动态投入模型中的部门，使之包括最终需求的所有内容，并把这些部门列入模型的各部门之内，便得到一个动态闭模型，公式如下：

$$x(t) - Ax(t) - B\dot{x}(t) = 0 \qquad (1.23)$$

（二）离散型动态投入产出模型

连续型动态投入产出模型也存在很大的局限性：该模型将生产增长视为一个瞬时的连续过程，然而在实际经济中，人们不需要也无法获得瞬时的状态与数据。因此，需要将连续型动态投入产出模型进行离散化，用差分代替微分。

将公式（1.21）离散化，并假设 $\Delta t = 1$，得到：

$$\frac{dx_i(t)}{dt} = \frac{x_i(t + \Delta t) - x_i(t)}{\Delta t} = x_i(t+1) - x_i(t) \tag{1.24}$$

将公式（1.24）代入公式（1.21），并写成对应于公式（1.22）的矩阵形式如下：

$$x(t) = Ax(t) + B[x(t+1) - x(t)] + \overset{-}{y_i}(t) \tag{1.25}$$

此时，投资系数 b_{ij} 定义为 $b_{ij}(t) = \dfrac{\Delta F_{ij}(t)}{\Delta x_j(t)}$，其表示第 j 部门增加单位产出需要第 i 部门提供的产品投资额。

公式（1.25）为离散型动态投入产出模型，该模型假设第 t 年生产性资本的增加会引起第 $t+1$ 年生产能力的增加，即时滞为 1 年。

事实上，投入产出模型的分类方式很多。除了上述的分类方式以外，按照描述经济运行过程所使用的形态，投入产出模型还可以分为实物型、价值型以及劳动型等；按照描述范围、对象的不同也可以分为世界模型、全国模型、地区模型、地区间模型、部门模型、企业模型等；此外，还可以将其进一步概括为宏观模型、中观模型和微观模型。

第二节　系统动力学

一　系统动力学简介

系统动力学是一种以反馈控制理论为基础、以计算机仿真技术为手段的研究复杂社会经济系统的定量方法，是一门沟通自然科学和社会科学等领域的横向学科，也是一门认识系统问题和解决系统问题交叉的综合性的新学科。系统动力学运用系统结构决定系统功能的原理，将系统构成为结构、功能的因果关系图式模型，即认为系统的行为模式与特性主要取决于其内部的动态结构与反馈机制，并利用反馈、调节和控制原理进一步设计反映系统行为的反馈回路，最终建立系统动力学模型，并借助计算机对此模型进行模拟实验。系统动力学是系统科学中的一个分支，由于它被广泛应用于微观与宏观管理领域，因此也可以归属为管理科学的一个分支。

系统动力学是由美国麻省理工学院 Forrest 教授创立的。1958 年，Forrest 教授在《哈佛商业评论》上发表了系统动力学的奠基之作，首次阐述了系统动力学的方法和理论。由 Forrest 教授创作的系统动力学代表作主要有三部：《工业动力学》、《系统原理》和《城市动力学》。其中，《工业动力学》主要阐述了系统动力学的原理与典型应用，是该学科的经典著作。

20 世纪 70 ~ 80 年代，系统动力学研究日益成熟，《增长的极限》的发表成为这一时期的标志性研究成果。该研究报告由罗马俱乐部于1972 年提出，目的是为解决当时世界面临的人口增长与资源日渐枯竭的问题。研究人员基于系统动力学理论，建立了系统动力模拟的世界模型，认为人口、工业生产是按照指数方式来发展的，而人口、经济所依赖的粮食、资源和环境却是按照算术方式发展的；前者属于无限制的系统，而后者属于有限制的系统。进而研究得出：这种人口和经济增长模式，必然会引发和加剧粮食短缺、资源枯竭和环境污染等问题，进而进一步限制人口和经济的发展。该模型将各种相互作用关系和反馈回路联结在一起，构成了世界系统的基本结构，这是一个高阶次、多回路、非线性的复杂系统结构。

继"世界模型"之后，Forrest 教授等又开始进行历时十多年的美国"国家模型"研究，在宏观经济学和微观经济学之间架起了桥梁。20 世纪 70 年代末，在杨通谊、王其藩、许庆瑞、贾仁安、陶在朴、胡玉奎等专家学者的积极倡导和推广下，系统动力学研究开始引入中国，并得到了快速发展。20 世纪 90 年代以后，系统动力学在宏观经济、能源产业发展、项目管理、学习型组织、物流与供应链、公司战略等领域都取得了长足的进步和丰硕的研究成果。

二 系统动力学的基本观点和主要特点

系统动力学对系统本身、系统的基本结构、系统的结构与功能等方面的基本观点如下。

第一，在系统本身方面，系统动力学认为系统由单元、单元的运动和信息组成。单元的存在构成了系统的现实基础，信息则是单元状态和运动的反映，信息的作用使得系统的单元能共同形成系统结构，单元的运动形成了统一的系统行为和系统功能。

第二，在系统的基本结构方面，系统动力学认为单元的运动导致单元之间具有一定的因果关系，这些因果关系可以用反馈环路来展示，系统中部分或所有的反馈环路共同组成了系统的基本结构。当两个单元的运动趋势相同时，表现为正反馈运动；相反时为负反馈运动。

第三，在系统的结构与功能方面，系统动力学认为，系统特有的单元和单元运动构成了系统的特有结构与功能，系统的结构与功能相辅相成、互为因果。

第四，在系统的内生方面，系统动力学认为，系统在内外动力和制约因素的作用下按特定的规律发展演化。在外部环境的作用约束下，尽管系统可能发生各种反应，但系统的行为模式主要取决于其内部结构与反馈机制。系统中会同时存在多个反馈环路，如果反馈环路较为复杂，总会存在一个或几个主要的环路，即主导反馈环路，它决定着系统行为的模式和变化趋势。分析系统的动态变化，主要是根据系统内部结构及组成结构的单元之间的主导反馈关系来找出应对策略，而非归因于外部环境的变化。

系统科学一般被认为可分为三个层次：第一层次为系统学；第二层次为系统科学的基础理论学科；第三层次为实际的工程应用。系统动力学是一门理论与应用紧密结合，以研究一般系统的结构、功能与动态行为以及系统与环境的关系为主要内容的系统学科。因此，系统动力学是一门同时属于第二层次和第三层次的系统学科，其主要特点如下。

第一，系统动力学适用于研究复杂多变的社会经济系统，为社会系统的定量研究开拓了新道路。

第二，系统动力学对于政策研究十分有利，可以用来模拟政策影响后果和系统相应行为。

第三，系统动力学重点在于研究系统的发展趋势。

第四，系统动力学具有很强的认识功能，它非常重视对模拟结果的分析，由此加深对系统的认识，其他常用的预测方法不具备这种很强的认识功能。

三 系统动力学的建模步骤

系统动力学涉及的变量主要可以分为以下几类。

①状态变量：又称水平变量、流位变量。它是表征某一特定时点系统状态的内部变量，可以表示系统中随时间变化而累积的事或物，由流入的速率与流出的速率差经过一段时间所累计形成。

②速率变量：又称流率变量。它控制着状态变量的变化，表示单位时间内的流量，控制的方式和强度由速率方程确定。

③运算变量：包括各种辅助变量、外生变量、常数和表函数等。辅助变量是为了建模方便而人为引入的信息反馈变量。外生变量则表示系统边界以外对系统发生作用或产生影响的环境因素，可以是政策变量。在特殊的情况下，外生变量呈现出固定不变的状态时，就变为常数。表函数是用图表方式表示系统中变量与变量之间关系的函数。

构建系统动力学模型时应基于一定的原则，包括明确所要解决的矛盾与问题；需要遵循系统的整体性、层次性、复杂性等特性；建模时要提炼出系统的主导反馈结构。系统动力学建模的一般步骤如下。

①问题的确定。对自己所要分析的问题设定一个简明的目标，要解决什么问题、范围有多大等；根据研究目标，划定系统边界，并把与系统密切相关、对系统行为产生影响的外界定义为环境。

②系统结构分析。包括两部分内容：第一，反馈结构分析，将系统依据研究问题的性质进行适当分解；第二，对要素进行分类，明确

与要素之间的关系，形成因果关系图。

③模型的定量描述。依据一定规则，把因果关系图转换成系统动力学仿真软件可以识别的流图，给出各变量之间的数量方程，并对参数赋初值。

④模型试算及改进。利用系统动力学仿真软件，对系统随时间变化的行为进行仿真模拟，并把模拟结果与实际系统行为进行对比分析，不断修正模型，直到可以代表实际系统。

⑤政策模拟实验。当确认模型可以代表实际系统后，就可以进行一系列的政策模拟实验，考虑系统在政策作用下的反应和系统发展趋势，为决策者提供决策支持。

在实际建模过程中，可以将系统划分为若干个子系统分别进行建模研究。总之，建模步骤需要遵循由简到繁、由浅入深、由部分到整体的原则。

四　系统动力学的工具软件

近年来由于系统动力学软件工具的进展，系统动力学建模与模仿分析变得更加规范与方便。其中，运用最为广泛的系统动力学软件有 Stella 和 Vensim。

Stella 是最早用于动态模拟的软件之一。该软件由美国 Isee Systems 创立，Isee Systems 是世界领先的系统思维软件的制造商，成立于 1985 年。Stella 软件具有提供多种模拟运算能力、参数设置和模型修改便捷等特点，其图形界面也十分友好，已成为一个构建系统模型和模拟复杂系统的动态相互关系的工具。Stella 是一个面向对象的程序语言，它提供了图形界面和 4 个关键图标以便于构建系统动力学模型。这些图标出现在建模区，由使用者建立它们之间的相互联系，这些联系可以用数学、逻辑或图形函数来表达。Stella 软件可将模型运行后的结果用图或表的形式在界面上非常直观地显示出来，并可根据使用者的需要产生系统内各要素随着时间变化的图和表。使用者只需熟悉模拟系统的结构、功能和行为之间的动态变化关系，即可设计系统

动力学的因果反馈流程分析图，运行后由系统自动产生程序和运算公式等。因此，Stella 软件已经被广泛应用于科研、教学、管理等多学科领域。

　　Vensim 起源于美国麻省理工学院，是由 Ventana 公司开发的。Vensim 是在全球和国内获得最普遍利用的系统动力学建模软件之一，其功能十分强大。目前，Vensim 软件有 Vensim PLE、Vensim PLE Plus、Vensim DSS 和 Vensim Professional 版本，以供不同的用户选择。Vensim 提供了一种简易而具有弹性的方式，以方便用户建立因果循环图、流图等。使用 Vensim 建立系统动力学模型，使用者只要用图形化的各式箭头记号连接各式变量记号，并将各变量之间的关系以适当方式写入模型，各变量之间的因果关系便随之记录完成；而各变量、参数间的数量关系以方程式功能写入模型。Vensim 的用户界面是标准的 Windows 应用程序界面，除支持菜单和快捷键外，还提供多个工具条或图标，这使得用户使用起来非常方便。用户只要在启动 Vensim 软件后，依据操作按钮画出基本流图，再通过 Equation Editor 输入方程和参数，就可以直接进行仿真模拟。在 Vensim 软件中，方程及变量不带时标，模型建立是围绕着变量间的因果关系展开的。

第二章

石油产业在我国国民经济中的
地位及其影响分析

第一节 我国石油产业简述

一 我国石油产业发展历程简述

石油产业是一个庞大的产业，主要涵盖了上游、中游和下游三部分，具体包括勘探、开发、储运、炼油、化工、销售等环节。其中，上游的勘探开发是石油产业发展的基础。中国石油工业一百多年的发展历程，大体可以分为以下几个阶段。

第一阶段：贫油时期（1878～1949 年）。

新中国成立以前，受政治和经济等因素的影响，中国石油工业的勘探、开发规模十分微小。到 1949 年新中国成立，全国才生产石油 12 万吨，这段时期中国是严重贫油的国家。

第二阶段：突破时期（1950～1964 年）。

这一阶段，中国石油工业在艰难困苦中努力探索。新中国成立后的 10 年，石油勘探开发的重点集中在西部地区，主要油田有克拉玛依油田、玉门油田等，石油产量从 12 万吨上升到 373 万吨；20 世纪 50 年代末，石油勘探的重点从西北向东北的松辽盆地转移。1959 年 9 月

26 日，松辽盆地松基 3 井获得了工业油流，这标志着大庆油田的发现，也是中国石油工业历史上具有深远意义的重大事件。此后三年多，我国开展了声势浩大的大庆石油会战。大庆会战的胜利，是中国石油工业发展史上的一次飞跃，并从根本上改变了我国石油工业的面貌，1963 年中国实现了石油基本自给，摘掉了"贫油国"的帽子。

第三阶段：快速发展时期（1965～1978 年）。

大庆会战后，石油大军挥师南下，转战渤海湾。华北石油会战发现了胜利油田和大港油田，开辟了渤海湾石油勘探的新局面。随后，我国又陆续开展了四川、江汉、长庆、辽河、吉林、江苏、河南、任丘、东濮等新区的石油会战，都取得了较好的效果。与此同时，一批炼油厂也逐步建成。从 1966 年到 1978 年，中国原油产量以每年18.6% 的速度递增。1978 年我国原油产量突破亿吨大关，成为世界第八大产油国，其中大庆油田产量约占我国原油产量一半的份额，胜利油田、大港油田、新疆油田和吉林油田产量分别为 1946 万吨、300 万吨、353 万吨和 185 万吨，也做出了突出的贡献。至此，中国从一个贫油国家跻身世界产油大国行列。这一时期，石油工业不仅为国民经济的发展提供了原料和动力，还成为我国出口创汇的主要来源之一。

第四阶段：改革开放稳定发展时期（1979～1988 年）。

中国石油行业进入 20 世纪 80 年代以后，勘探投资严重不足，导致勘探工作量减少，储量增长速度跟不上产量增长速度，加上老油田产量递减加快，石油产量有所下降。因此，国家对石油行业提出了"原油产量亿吨包干"政策。这一政策的全面推行，引发了石油行业内在机制的一系列深刻变革，使中国石油再次获得较快发展。在这一时期，国家还实行了海上石油对外开放、炼油化工和石油勘探开发分离等政策。

第五阶段：稳定东部、发展西部以及国际化经营时期（1989 年至今）。

20 世纪 90 年代以来，由于我国经济的长期持续快速发展，石油消费量的增长超过了生产量的增长，1993 年我国成为石油净进口国。

从 20 世纪 90 年代初开始,石油工业提出"稳定东部、发展西部"的战略方针。并且,从 1993 年开始,中国石油工业就开始走出国门在全球范围内寻找石油资源。以中石油、中石化两大石油公司重组为开端,以中石油、中石化和中海油三大石油公司进入国际资本市场为契机,我国石油公司国际化经营跨入了新的阶段。

在石油资源量方面,我国分别在 1994 年、2002 年和 2005 年开展了全国范围内的油气资源评价。2005 年的全国油气资源评价显示,中国的石油资源主要分布在东部、西部和近海三个区。各区域远景资源量、地质资源量和可采资源量的分布情况见表 2 - 1。

表 2 - 1 全国石油资源量的地区分布

项目	东部		西部		近海	
	总量（亿吨）	比例（%）	总量（亿吨）	比例（%）	总量（亿吨）	比例（%）
远景资源量	418.14	38.52	270.78	29.94	151.50	13.96
地质资源量	324.41	42.41	175.13	22.89	107.36	14.03
可采资源量	100.25	47.28	47.87	22.58	29.27	13.80

数据来源:《全国油气资源动态评价 (2005)》。

2012 年我国共生产原油 2.03 亿吨,占世界原油产量的 5.2%,位居世界第 4。回顾我国石油工业的历史,有几个时刻值得铭记:大庆油田的发现使得我国在 1965 年完全实现了石油自给;1973～1992 年,我国是石油净出口国;1993 年,我国石油消费量首次超过石油生产量,成为石油净进口国;1996 年,我国成为原油净进口国,其后进口量逐年增加,中国的石油供给安全再次成为世界关注的焦点。

二 我国石油产业现状简述

尽管新中国成立以来,我国石油工业取得了长足的发展,石油储量和石油产量都有了很大的增长,但是不可否认,近年来,我国国内石油产量增长缓慢。目前,我国超过 70% 的原油产量来自大庆、胜利、长庆、新疆等9个大油田。Mikael等（2010）对这些大油田的未来原油产量进行了预测分析。研究结果显示，我国已经设法使国内大油田的产量在几十年内保持稳定，但任何措施都无法阻止这些油田的产量最终走向递减。

近年来，随着国民经济的快速发展、居民生活水平的提高，我国对石油的需求正在迅速增长，石油消费量逐步增加。图2-1显示了1965年以来，我国石油产量与消费量的变化趋势。2012年，石油消费量已达到了4.84亿吨，是世界第二大石油消费国；而2012年的国内石油产量为2.07亿吨，石油对外依存度已接近60%。

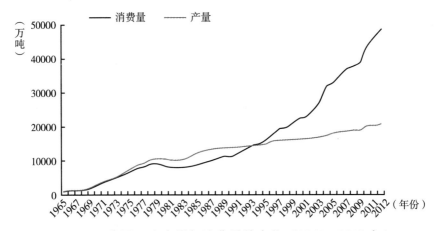

图2-1 我国石油产量与消费量的变化（1965~2012年）

数据来源：BP Statistical Review of World Energy 2013。

从图2-1中不难发现，近年来我国石油消费量和产量的剪刀差有逐步扩大的趋势。近十年来，我国原油产量的年增长率仅为2.2%，而消费量年增长率却达到6.9%。

第二节　我国石油产业与其他部门的关联分析

从上面的分析可以看出，尽管石油产业目前存在很多挑战，但是石油产业自身已经取得了巨大的发展。石油产业仅仅是国民经济中的一个产业，石油产业与其他产业密切相连，共同支撑了整个国民经济这台大机器的正常运转。因此，对石油产业的分析必须站在国民经济的大背景下，从产业经济关联的角度来进行。本节的主要研究目的是通过分析石油产业与其他国民经济部门的关联来研究石油产业在整个国民经济中的地位。

在国家统计局公布的2007年42部门投入产出表中，涉及石油产业的部门分别是第3部门石油和天然气开采业，第11部门石油加工、炼焦及核燃料加工业。由于石油开采业和石油加工业在这两个部门中均占据了主要地位，为了研究方便，本书分别用石油开采业和石油加工业来代替这两个部门。

投入产出表能够很好地反映国民经济中各个产业部门间的投入产出关系，反映国民经济这个有机整体内部的经济关联关系。本书将通过国家统计局最新公布的2007年投入产出表来分析石油产业与国民经济其他部门的关联。在国民经济中，石油产业同时扮演着两种"角色"。一方面，石油产业作为产品供应部门，通过其产品生产和分配活动来支撑国民经济发展；另一方面，石油产业也是产品购买部门，石油产业的发展离不开其他产业的支撑，即需要其他产业的中间投入，石油产业在购买其他产业中间投入的同时也促进了其他产业的发展。

一　石油产业作为产品供应部门与其他部门的关联分析

石油产业作为产品供应部门，在国民经济中的地位可以从两个方面进行分析。一方面是其他产业部门从石油产业中获得的中间投入占石油产业可供分配总额的比例，即石油产业作为其他产业部门中间投入的分配比例；另一方面是石油产业作为中间投入占其他产业部门各自的所需中间投入总量的比例，即其他产业中间投入中来自石油产业的比例。

表2-2显示了石油开采业和石油加工业作为其他产业部门中间投入的分配比例，排名靠前的部门也就是石油产业作为中间投入的重点

表2-2 石油开采业和石油加工业作为中间投入的分配比例

排序	部门	石油开采业的分配比例(%)	累计比例(%)	部门	石油加工业的分配比例(%)	累计比例(%)
1	石油加工业	78.42	78.42	交通运输及仓储业	27.05	27.05
2	化学工业	9.44	87.86	化学工业	18.02	45.07
3	燃气生产和供应业	3.66	91.52	金属冶炼及压延工业	12.88	57.95
4	电力、热力的生产和供应业	2.37	93.89	电力、热力的生产和供应业	5.84	63.79
5	金属冶炼及压延工业	1.17	95.06	建筑业	5.80	69.59
6	非金属矿物制品业	0.98	96.04	石油加工业	5.56	75.15
7	石油开采业	0.85	96.89	非金属矿物制品业	3.18	78.33
8	交通运输及仓储业	0.50	97.39	通用、专用设备制造业	1.81	80.14
9	金属矿采选业	0.46	97.85	农林牧渔业	1.81	81.95
10	非金属矿及其他矿采选业	0.31	98.16	金属矿采选业	1.73	83.68
11	食品制造及烟草加工业	0.29	98.45	石油和天然气开采业	1.65	85.33
12	住宿和餐饮业	0.25	98.70	公共管理和社会组织	1.63	86.96
13	通用、专用设备制造业	0.24	98.94	租赁和商务服务业	1.57	88.53
14	金属制品业	0.17	99.11	居民服务和其他服务业	0.80	89.33
15	纺织业	0.16	99.27	金属制品业	0.78	90.11
16	交通运输设备制造业	0.16	99.43	教育事业	0.78	90.89
17	纺织服装鞋帽皮革羽绒及其制品业	0.11	99.54	非金属矿及其他矿采选业	0.71	91.60
18	电气机械器材制造业	0.10	99.64	交通运输设备制造业	0.66	92.26
19	通信设备、计算机及其他电子设备制造业	0.09	99.73	煤炭开采和洗选业	0.62	92.88
20	煤炭开采和洗选业	0.06	99.79	房地产业	0.61	93.49

数据来源：根据2007年国家投入产出表计算分析。

表2-3 其他产业中间投入中来自石油开采业和石油加工业的比例

排序	部门	中间投入中来自石油开采业的比例(%)	部门	中间投入中来自石油加工业的比例(%)
1	石油加工业	68.65	交通运输及仓储业	34.60
2	燃气生产和供应业	62.54	金属矿采选业	9.45
3	石油和天然气开采业	3.34	石油和天然气开采业	9.37
4	化学工业	2.90	化学工业	7.97
5	非金属矿及其他矿采选业	2.01	石油加工业	7.01
6	金属矿采选业	1.75	非金属矿及其他矿采选业	6.66
7	电力,热力的生产和供应业	1.58	邮政业	6.64
8	非金属矿物制品业	0.90	水利,环境和公共设施管理业	6.02
9	交通运输及仓储业	0.44	金属冶炼及压延加工业	5.72
10	住宿和餐饮业	0.40	电力,热力的生产和供应业	5.62
11	金属冶炼及压延加工业	0.36	房地产业	5.45
12	水的生产和供应业	0.35	公共管理和社会组织	5.00
13	水利,环境和公共设施管理业	0.25	租赁和商务服务业	4.31
14	金属制品业	0.19	非金属矿物制品业	4.19
15	煤炭开采和洗选业	0.17	综合技术服务业	4.11
16	食品制造及烟草加工业	0.14	居民服务和其他服务业	3.69
17	纺织业	0.12	教育事业	2.96
18	通用、专用设备制造业	0.12	燃气生产和供应业	2.70
19	纺织服装鞋帽皮革羽绒及其制品业	0.12	建筑业	2.63
20	交通运输设备制造业	0.09	煤炭开采和洗选业	2.60

数据来源:根据2007年国家投入产出表计算分析。

流入方向，该比例主要反映其他产业与石油产业之间的密切程度。

表2-3显示了其他产业中间投入中来自石油开采业和石油加工业的比例，排名靠前的部门就是其产业中间投入中石油产业占较大比例的部门。该比例主要反映该产业中的"石油含量"大小。

表2-4是对表2-2和表2-3中石油开采业的总结，从中不难发现，石油开采业作为中间投入的分配比例与其他产业中间投入中来自石油开采业的比例排名靠前的20个部门及排列次序发生一些变化。排名第1位的是石油加工业，其分配比例和中间投入比例都位列第1，分别达到了78.42%和68.65%；分配比例排名第2、第3位的部门分别是化学工业、燃气生产和供应业，其分配比例分别为9.44%、3.66%；中间投入比例排名第2、第3位的部门分别是燃气生产和供应业、石油开采业，其分配比例分别为62.54%、3.34%。

表2-4　石油开采业作为产品供应部门的涉及产业分析

部门	分配比例（%）	中间投入比例（%）	分配比例排序	中间投入比例排序	投入分配比例系数
石油加工业	78.42	68.65	1	1	0.88
化学工业	9.44	2.90	2	4	0.31
燃气生产和供应业	3.66	62.54	3	2	17.09
电力、热力的生产和供应业	2.37	1.58	4	7	0.67
金属冶炼及压延加工业	1.17	2.01	5	11	1.72
非金属矿物制品业	0.98	0.90	6	8	0.92
石油开采业	0.85	3.34	7	3	3.93
交通运输及仓储业	0.50	0.44	8	9	0.88
金属矿采选业	0.46	1.75	9	6	3.80
非金属矿及其他矿采选业	0.31	0.90	10	5	2.90
食品制造及烟草加工业	0.29	0.14	11	16	0.48

部门	分配比例（％）	中间投入比例（％）	分配比例排序	中间投入比例排序	投入分配比例系数
住宿和餐饮业	0.25	0.40	12	10	1.60
通用、专用设备制造业	0.24	0.12	13	18	0.50
金属制品业	0.17	0.19	14	14	1.12
纺织业	0.16	0.12	15	17	0.75
交通运输设备制造业	0.16	0.09	16	20	0.56
纺织服装鞋帽皮革羽绒及其制品业	0.11	0.12	17	19	1.09
电气机械及器材制造业	0.10	0.06	18	23	0.60
通信设备、计算机及其他电子设备制造业	0.09	0.04	19	28	0.44
煤炭开采和洗选业	0.06	0.17	20	15	2.83

数据来源：根据 2007 年国家投入产出表整理分析。

表 2-5 是对表 2-2 和表 2-3 中石油加工业的总结，从中不难发现，石油加工业作为其他产业部门中间投入的分配比例与石油加工业作为中间投入占其他产业部门所有中间投入比例中排名靠前的 20 个部门及排列次序变化很大。比如，金属冶炼及压延加工业，电力、热力的生产和供应业，建筑业，非金属矿物制品业，通用、专用设备制造业，农林牧渔业在分配比例中分别排名第 3、第 4、第 5、第 7、第 8 和第 9 位；然而在中间投入比例中却分别排名第 9、第 10、第 19、第 14、第 26 和第 22 位。排名第 1 位的是交通运输及仓储业，其分配比例和中间投入比例都名列第 1 位，分别达到了 27.05％和 34.60％；分配比例排名第 2、第 3 位的部门分别是化学工业、金属冶炼及压延加工业，其分配比例分别为 18.02％、12.88％；中间投入比例排名第 2、第 3 位的部门分别是金属矿采选业、石油和天然气开采业，其分配比例分别为 9.45％、9.37％。

表 2-5　石油加工业作为产品供应部门的涉及产业分析

部门	分配比例（%）	中间投入比例（%）	分配比例排序	中间投入比例排序	投入分配比例系数
交通运输及仓储业	27.05	34.60	1	1	1.28
化学工业	18.02	7.97	2	4	0.44
金属冶炼及压延加工业	12.88	5.72	3	9	0.44
电力、热力的生产和供应业	5.84	5.62	4	10	0.96
建筑业	5.80	2.63	5	19	0.45
石油加工、炼焦及核燃料加工业	5.56	7.01	6	5	1.26
非金属矿物制品业	3.18	4.19	7	14	1.32
通用、专用设备制造业	1.81	1.30	8	26	0.72
农林牧渔业	1.81	1.95	9	22	1.08
金属矿采选业	1.73	9.45	10	2	5.46
石油和天然气开采业	1.65	9.37	11	3	5.68
公共管理和社会组织	1.63	5.00	12	12	3.07
租赁和商务服务业	1.57	4.31	13	13	2.75
居民服务和其他服务业	0.80	3.69	14	16	4.61
金属制品业	0.78	1.22	15	27	1.56
教育事业	0.78	2.96	16	17	3.79
非金属矿及其他矿采选业	0.71	6.66	17	6	9.38
交通运输设备制造业	0.66	0.54	18	37	0.82
煤炭开采和洗选业	0.62	2.60	19	20	4.19
房地产业	0.61	5.45	20	11	8.93

数据来源：根据 2007 年国家投入产出表计算分析。

表 2-4 和表 2-5 中均有"投入分配比例系数"，该系数是中间投入比例与分配比例的比值。该系数主要衡量一个产业是在"量"

上，还是在"率"上依赖石油产业。该系数的基准值为1，当其大于1时，表明该产业中石油占其中间投入的比例要大于该产业所用石油占所有被中间消耗石油的比例；当该系数远远大于1时，则表明该产业尽管所耗石油在量上不多，但是这部分量所占该产业所耗所有中间投入的比例却很大，可以说这类产业侧重在"率"上依赖石油；当该系数小于1时，该值越小表明该产业越侧重在"量"上依赖石油。

表2-6和表2-7分别显示了石油开采业和石油加工业的"投入分配比例系数"分析结果。

表2-6　石油开采业的"投入分配比例系数"分析

排名	在"率"上依赖石油开采业的产业	投入分配比例系数	在"量"上依赖石油开采业的产业	投入分配比例系数
1	燃气生产和供应业	17.09	化学工业	0.31
2	石油开采业	3.93	通信设备、计算机及其他电子设备制造业	0.44
3	金属矿采选业	3.80	食品制造及烟草加工业	0.48
4	煤炭开采和洗选业	2.83	通用、专用设备制造业	0.50
5	非金属矿及其他矿采选业	2.90	交通运输设备制造业	0.56

数据来源：根据2007年国家投入产出表计算分析。

表2-7　石油加工业的"投入分配比例系数"分析

排名	在"率"上依赖石油加工业的产业	投入分配比例系数	在"量"上依赖石油加工业的产业	投入分配比例系数
1	非金属矿及其他矿采选业	9.38	化学工业	0.44
2	房地产业	8.93	金属冶炼及压延加工业	0.44
3	石油和天然气开采业	5.68	建筑业	0.45
4	金属矿采选业	5.46	通用、专用设备制造业	0.72
5	居民服务和其他服务业	4.61	交通运输设备制造业	0.82

数据来源：根据2007年国家投入产出表计算分析。

从表2-6和表2-7中不难发现，在"率"上最依赖石油开采业和石油加工业的产业分别是燃气生产和供应业、非金属矿及其他矿采选业，这两个产业尽管在数量上消耗石油相对不是很多，但是所消耗的石油占其中间投入的比例却很大，而在"量"上最依赖石油开采业和石油加工业的均是化学工业。

二 石油产业作为产品购买部门与其他部门的关联分析

在国民经济中，石油产业除了作为产品供应部门外，也会作为购买部门从其他产业中获得产品作为自身的中间投入。根据2007年投入产出表，表2-8分析了石油开采业中间投入来源的部门分布及其比例。

表2-8 石油开采业中间投入来源的部门分布

单位：%

排序	中间投入来源部门	比例	累计比例
1	电力、热力的生产和供应业	17.39	17.39
2	通用、专用设备制造业	14.90	32.29
3	金属冶炼及压延加工业	12.77	45.06
4	石油加工业	9.37	54.43
5	化学工业	6.50	60.93
6	交通运输及仓储业	4.52	65.45
7	仪器仪表及文化办公用机械制造业	3.49	68.94
8	石油开采业	3.34	72.28
9	金融业	2.86	75.14
10	电气机械及器材制造业	2.63	77.77
11	综合技术服务业	2.48	80.25
12	批发和零售业	2.39	82.64
13	住宿和餐饮业	2.15	84.79
14	非金属矿物制品业	2.13	86.92
15	金属制品业	2.06	88.98
16	交通运输设备制造业	1.88	90.86
17	居民服务和其他服务业	1.23	92.09
18	木材加工及家具制造业	1.02	93.11
19	纺织服装鞋帽皮革羽绒及其制品业	0.96	94.07
20	煤炭开采和洗选业	0.59	94.66

数据来源：根据2007年国家投入产出表计算分析。

在石油开采业的中间投入中，电力、热力的生产和供应业，通用、专用设备制造业，金属冶炼及压延加工业位列前三，其比例分别为17.39%、14.90%和12.77%，前三位部门的累计比例达到了45.06%。

同样根据2007年投入产出表，表2-9分析了石油加工业中间投入来源的部门分布及其比例。

表2-9　石油加工业中间投入来源的部门分布

单位：%

排序	中间投入来源部门	比例	累计比例
1	石油开采业	68.65	68.65
2	石油加工业	7.01	75.66
3	煤炭开采和洗选业	6.46	82.12
4	交通运输及仓储业	2.98	85.10
5	电力、热力的生产和供应业	2.79	87.89
6	化学工业	2.27	90.16
7	通用、专用设备制造业	1.99	92.15
8	批发和零售业	1.75	93.90
9	金融业	0.87	94.77
10	食品制造及烟草加工业	0.71	95.48
11	租赁和商务服务业	0.65	96.13
12	非金属矿物制品业	0.50	96.63
13	金属制品业	0.49	97.12
14	信息传输、计算机服务和软件业	0.49	97.61
15	交通运输设备制造业	0.36	97.97
16	住宿和餐饮业	0.25	98.22
17	仪器仪表及文化办公用机械制造业	0.23	98.45
18	燃气生产和供应业	0.21	98.66
19	综合技术服务业	0.20	98.86
20	电气机械及器材制造业	0.18	99.04

数据来源：根据2007年国家投入产出表计算分析。

在石油加工业的中间投入中，石油开采业、石油加工业、煤炭开采和洗选业位列前三，其比例分别为68.65%、7.01%和6.46%，前三位部门的累计比例高达82.12%。

第三节　我国石油产业的感应度系数和影响力系数分析

一　感应度和影响力系数的修订计算模型简介

感应度系数和影响力系数是投入产出分析中的两个重要系数，可以较好地用于分析一个产业在国民经济中的地位。

感应度系数 E_i 反映当国民经济中各产品部门均增加一个单位最终使用时，某一产品部门由此受到的需求感应程度。计算公式如下：

$$E_i = \frac{\sum_{j=1}^n b_{ij}}{\frac{1}{n}\sum_{i=1}^n \sum_{j=1}^n b_{ij}} \quad i = 1,2,\cdots,n \tag{2.1}$$

公式（2.1）中，分子为完全需求系数矩阵的第 i 行之和，分母为完全需求系数矩阵各行之和的平均值。

影响力系数 f_j 反映当国民经济某一产品部门增加一个单位最终使用时对国民经济各产品部门所产生的生产需求及波及程度。计算公式如下：

$$f_i = \frac{\sum_{i=1}^n b_{ij}}{\frac{1}{n}\sum_{j=1}^n \sum_{i=1}^n b_{ij}} \quad j = 1,2,\cdots,n \tag{2.2}$$

公式（2.2）中，分子为完全需求系数矩阵的第 j 列之和，分母为完全需求系数矩阵各列之和的平均值。

利用感应度系数和影响力系数可以综合地分析各产业部门在国民经济中的地位和作用。杨灿（2005）、李峰（2007）等指出了传统感应度系数和影响力系数计算存在的问题：仅仅从中间消耗的角度说明部门间关联的相对程度，而没有考虑各个产业在国民经济中的不同地位。实际上，有些产业总量规模很小，其感应度系数和影响力系数却可能很大，但是这并不能真正代表其在整个国民经济中具有重要地位。加权感应度系数和加权影响力系数计算公式如下：

$$E'_t = \frac{\sum\limits_{j=1}^{n}(b_{ij} \times q_j)}{\frac{1}{n}\sum\limits_{i=1}^{n}\sum\limits_{j=1}^{n}(b_{ij} \times q_j)} \qquad i = 1,2,\cdots,n \qquad (2.3)$$

$$f'_j = \frac{\sum\limits_{i=1}^{n}(b_{ij} \times q_j)}{\frac{1}{n}\sum\limits_{j=1}^{n}\sum\limits_{i=1}^{n}(b_{ij} \times q_j)} \qquad j = 1,2,\cdots,n \qquad (2.4)$$

公式（2.3）和公式（2.4）中，E'_t 表示加权感应度系数，f'_j 表示加权影响力系数，q_j 表示 j 行业产出占社会总产出的比重。

二　1987 年以来石油产业感应度系数和影响力系数的变化分析

根据公式（2.3）和公式（2.4），本书同时计算了 1987 年以来石油开采业、石油加工业的传统感应度系数、加权感应度系数以及传统影响力系数、加权影响力系数，如表 2－10 和表 2－11 所示。

表 2－10　石油开采业的感应度、影响力系数计算结果

年份	1987	1992	1997	2002	2007
传统感应度系数	1.03	0.98	1.10	1.25	1.60
加权感应度系数	0.58	0.56	0.72	0.99	1.33
传统影响力系数	0.70	0.76	0.66	0.69	0.78
加权影响力系数	0.24	0.23	0.21	0.29	0.36

数据来源：根据历年国家投入产出表计算分析。

表 2－11　石油加工业的感应度、影响力系数计算结果

年份	1987	1992	1997	2002	2007
传统感应度系数	1.01	0.88	1.18	1.30	1.56
加权感应度系数	0.69	0.61	0.97	1.25	1.67
传统影响力系数	0.86	0.95	0.99	1.04	1.04
加权影响力系数	0.41	0.39	0.60	0.82	1.05

数据来源：根据历年国家投入产出表计算分析。

从表2-10和表2-11中不难发现，石油开采业的加权感应度系数和加权影响力系数总体上明显低于传统感应度系数和传统影响力系数；石油加工业的加权感应度系数和加权影响力系数在1987年也明显低于传统感应度系数和传统影响力系数，但以后两者差距越来越小，在2007年加权感应度系数和加权影响力系数已经超过传统系数。尽管石油开采业的加权感应度系数和加权影响力系数明显低于传统系数，但是两者差距也在明显缩小，加权感应度系数占传统感应度系数的比例从1987年的56%上升到2007年的83%，加权影响力系数占传统影响力系数的比例也从1987年的34%上升到2007年的46%。由于加权感应度系数和加权影响力系数主要考虑了国民经济各部门的产出比重，因此石油开采业和石油加工业的加权感应度系数和加权影响力系数占传统感应度系数和传统影响力系数比重的持续上升甚至反超说明了1987年以来石油产业产值在国民经济中的地位稳步提升。

上面分析了石油开采业和石油加工业的加权感应度系数、加权影响力系数与传统感应度系数、传统影响力系数的关系及变化。就感应度系数和影响力系数的具体数值而言：2007年，石油开采业和石油加工业的传统感应度系数、加权感应度系数均超过1，表明石油开采业和石油加工业所受到的感应程度均高于社会平均感应度水平；石油开采业的传统影响力系数和加权影响力系数均低于1，表明石油开采业生产对其他产品部门所产生的波及影响程度低于社会平均影响力水平；石油加工业的传统影响力系数和加权影响力系数均高于1，表明石油加工业生产对其他产品部门所产生的波及影响程度要高于社会平均影响力水平。

此外，从表2-10和表2-11中也不难发现：自1987年以来，无论是加权感应度系数、加权影响力系数还是传统感应度系数、传统影响力系数，在总体上数值都有了明显的上升，尤其是石油加工业的加权感应度系数在1987年到2007年的20年内上升了142%，加权影响力系数更是上升了156%。这说明石油加工业生产对其他产品部门所产生的波及影响程度在这20年内上升非常迅速。

第四节　本章小结

本章简要分析了我国石油产业的现状；从石油产业在国民经济中同时扮演的两种"角色"——产品供应部门和产品购买部门出发，采用投入产出表来分析石油产业与其他产业部门的关联，从而反映其在国民经济中的地位；分别对石油开采业和石油加工业的传统感应度系数、传统影响力系数以及加权感应度系数、加权影响力系数进行计算来反映石油产业在国民经济中的地位；分析了石油产业自 1987 年以来感应度系数和影响力系数的变化以及石油产业传统感应度系数、传统影响力系数与加权感应度系数、加权影响力系数的区别。

第三章
石油产业波及效应理论研究

本章的主要研究目的是初步建立石油产业波及效应理论，其理论基础是以投入产出分析为核心的产业关联理论。本章将为后续几章的研究运用做好理论铺垫。

第一节　现有研究的总结分析

目前，在学界还没有石油产业波及效应理论的提法。尽管如此，已经有一些学者的研究涉及波及效应这个概念。这些研究中涉及的波及效应主要分为两大类。

第一，产业链中的波及效应。产业链中存在"波及效应"，陈文琳等（2009）、魏来等（2009）、杨智辉等（2010）利用波及效应的概念对产业链中存在的众多经济现象进行了广泛深入研究，并根据效应的强弱，将效应分为三种类型：缩小效应、等量效应和扩大效应。

第二，投入产出模型中的相关指标。利用静态投入产出模型来分析特定产业对国民经济的影响，并使用了"波及效应"的概念。这些研究主要采用了衡量产业影响能力的一些系数，比如感应度系数、影响力系数、前向关联和后向关联等。

以上的两大类"波及效应"概念中，第一类的产业链波及效应与本书研究的不完全一致，因为本书主要侧重从产业波及而非产业链的角度进行分析。第二类的波及效应属于本书的研究范畴，尤其是前向关联效应和后向关联效应。

前向关联效应和后向关联效应是研究产业关联度的重要指标，自从米勒做了开创性工作以来，前向关联效应和后向关联效应已经得到广泛的运用，其计算过程如下。

①后向关联效应。

目前，后向关联效应主要采用列昂惕夫模型进行计算。列昂惕夫模型基本公式如下：

$$AX + Y = X \tag{3.1}$$

其中，A 表示直接消耗系数矩阵，X 表示总产出，Y 表示最终使用。

公式（3.1）可以改写如下：

$$X = (1 - A)^{-1}Y \tag{3.2}$$

其中，$(1 - A)^{-1}$ 即为著名的列昂惕夫逆矩阵 L。

Rasmussen（1956）指出，后向关联效应为列昂惕夫逆矩阵相应列系数相加；Chenery 和 Watanabe（1958）指出，直接后向关联效应可以通过直接消耗系数矩阵相应列系数相加得出。

②前向关联效应。

目前，前向关联效应主要通过 Ghosh（1958）提出的 Ghosh 模型来计算，主要计算过程如下：

$$H'X + N = X \tag{3.3}$$

其中，H' 是分配系数矩阵的转置矩阵，X 是总产出向量，N 是增加值列向量。这里的分配系数是中间产品分配系数，是指一个部门的产品分配给其他部门作生产使用的数量占该部门产品总量的比重，其计算表达式如下：

$$h_{ij} = \frac{x_{ij}}{X_i} \tag{3.4}$$

其中，h_{ij} 是部门 i 对部门 j 的分配系数，x_{ij} 是部门 i 提供给部门 j 的中间使用量，X_i 是部门 i 的总产出。

公式（3.3）可以进一步转换如下：

$$X = (1 - H')^{-1} N \tag{3.5}$$

Ghosh 指出将 $(1 - H')^{-1}$ 按照行相加即为对应部门的前向关联效应，将分配系数矩阵 H 按照行相加则为直接前向关联效应。

尽管现有前向关联效应和后向关联效应在现有波及效应分析中得到了广泛运用，但是，这种方法也存在不少问题。Louis（2009）对此进行了批判，认为不能同时计算前向关联效应和后向关联效应，主要原因有：①Ghosh 模型假设分配系数是稳定的，但是分配系数和技术消耗系数无法同时保持稳定；②Ghosh 模型将价格影响和产出影响混合在一起；③后向关联效应和前向关联效应的生产函数假设存在实质区别，一个是需求驱动的生产函数，另一个是供应驱动的生产函数。

综上所述，当前研究存在的主要问题总结如下。

首先，概念使用存在"混淆"现象。尽管事实上后向关联效应和前向关联效应都存在，但是两者的出发点不一样。前者是站在产业投入需求的角色上，后者则站在产业产出分配的角色上，不能混淆一个产业同时具备的两种角色。此外，两者的前提假设条件也存在众多实质区别，将两者混为一谈，甚至将两者相加是不合适的。

其次，没有上升到理论层次。目前已有的"波及效应"相关研究主要停留在投入产出模型中的一些系数计算。其实，波及效应的研究分析不仅仅在于相关系数的计算，而应该是一个系统的理论研究，要分清相关波及效应系数的层次和类别，这就要求综合研究波及效应的概念、分类、产生机理，分析波及效应的变化及原因、波及效应的路径和波及速率等。目前，这些研究还需要进一步展开。

最后，计算模型单一。当前，分析波及效应的计算模型比较单一，主要集中在列昂惕夫逆矩阵、分配系数矩阵等的计算分析上。比如，很多研究将投入产出模型中的列昂惕夫逆矩阵 $(1-A)^{-1}$ 中相关列的数值之和作为后向波及效应的系数，即将居民消费、政府支出、投资等最终需求作为一个整体进行讨论；有些研究尽管对研究对象进行了分类，即将各种最终需求进行分类，但系数本身却仍采用未分类前的整体系数。

第二节　石油产业波及效应理论

一　石油产业波及效应的理论框架构建

（一）波及效应的基本概念

波及效应通常指关联因素之间的互相影响，一种因素的变动会通过某种联系传递给另一种相关因素并对其产生影响。在经济系统中，波及效应主要描述某个或者某些变量在某个或者某些产业节点上的变化所引起的产业系统内部以及整个国民经济变化的全过程。

波及效应可以进一步分为波及与效应："波及"是指某个或者某些变量发生变化后扩散、传播的过程，着重在"动作"；"效应"衡量了波及所产生的影响，即波及过程的结果，着重在"结果"。一般而言，波及过程的次数不止一次，即存在多轮波及，因此，效应的产生是波及的综合结果，需要在一定时间内通过若干轮波及过程才能逐步实现。由于波及是个"动作"，不同的波及动作方式会产生不同的"效应"，但由于产生机理不一样，不同分类的"效应"不能随便相加。

（二）波及效应的分类

在国民经济中，一个产业同时扮演着两种"角色"：作为产品购买者从其他产业购买产品作为自己的中间投入；作为产品供应者提供产品给其他产业作为他们的中间投入。下面按照这两种不同的角色进行波及效应的分类。

由于购买关系，第一种角色能够带动其他产业的发展，并带动其他产业的就业、增加相关劳动者的就业收入，其波及过程是一种"主动波及"。第二种角色主要是为其他产业提供扩大再生产的发展机会，并且需要其他产业的协同合作，与上面的"主动波及"过程存在差异；另外，由于第二种角色主要是提供产品给其他产业，给其他产业的扩大再生产提供发展机会，因此是一种"潜在波及"。

产业在作为购买者的第一种角色下，本书根据经济活动产生波及效应的作用机理和时间先后顺利的区别，将波及效应分成直接波及效应、间接波及效应和诱发波及效应。

直接波及效应是指由相关经济活动自身直接创造的波及过程对国民经济产生的效应。

间接波及效应是指由相关经济活动向国民经济部门购买产品或服务等间接波及过程而产生的效应。当某一产业产出出现变化时，这一变化会通过不同的产业关联关系来引起其他产业的变化，进一步，这些相关产业部门的产出变化同样又会引起与其直接相关的其他产业部门产出的变化，依次传递。其实，间接波及效应反映了国民经济各部门之间互相依赖的关联关系。

诱发波及效应是指劳动者在相关经济活动中获得收入后进行消费的后续波及过程对国民经济产生的后续波及效应。

其中，间接波及效应和诱发波及效应所产生的波及范围广泛，且并非一次性完成，而是通过一轮又一轮的波及过程最终实现的。

图 3-1 显示了波及效应的分类：当某一特定经济活动变化时，波及效应将从最里面的直接波及效应开始，逐渐向外面的间接波及效应和诱发波及效应扩散，虚线表示间接波及效应和诱发波及效应将通过多轮的波及过程才能最终实现。

由于图 3-1 中的三个波及效应都是石油产业"主动波及"过

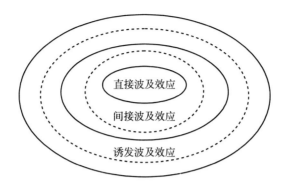

图 3 - 1　不同层次的波及效应

程的结果，是站在同一个角度下的三类波及效应，因此可以将其相加。

产业在作为供给者的第二种角色下，波及效应是产业通过提供产品给其他产业从而对国民经济带来的波及影响，可以将其分成潜在波及效应和成本影响波及效应。潜在波及效应是指产业作为产品供应者，其产出增加对使用该产业产品作为中间投入的其他产业能够产生的扩大产出的波及效应，但由于这种波及效应的产生需要其他产业的协同合作，单一产业只是给其他产业的扩大再生产提供发展机会，因此称之为潜在波及效应。成本的波及效应是指产业作为供应者，其产品或者服务价格变化对使用该产业产品作为中间投入的其他产业的成本的波及影响。尽管潜在波及效应和成本影响波及效应均站在产业供应者角度下，但由于两者所衡量的目标性质存在本质差异，一个是对产出的潜在影响，另一个是对成本的影响，因此，两者不能相加。

由于产业所处角色的差异，两种角色下的波及效应之间不能相加，因此，站在整个国民经济的角度上，如果将所有这些部门各自的波及效应统统归功于一个产业，就会发现波及效应已经被重复计算，最终的结果就是每个产业的波及效应计算结果都很大，从而会夸大产业的影响，也容易误导产业政策制定。

波及效应分类的讨论分析可以总结如下，见表 3 - 1。

表 3 - 1 波及效应的分类

产业角色	波及效应分类	产业角色	波及效应分类
购买者 角色	直接波及效应 间接波及效应 诱发波及效应	供应者 角色	潜在波及效应
			成本影响波及效应

波及效应理论的研究包括很多层次，即波及效应定义中的"特定经济活动"可以包括不同层面和层次上的变量。

从波及效应的区域上划分，可以分为全球、国家和地方层次，也可以细分到一个经济体，如企业、家庭等，分析某一变量变化对不同层次区域的波及效应。由于当前经济全球化，不同层次上的各个经济体已经紧密地结合在一起，波及效应的范围也不可能局限在某一特定范围，因此研究波及效应的难度也在加大，这就需要研究者分清主次、把握重点来分析主要的波及效应。

从变量类型上来划分，可以分为两大类：一类是从国民经济核算的角度来划分，可以把变量分为投资、居民消费、政府购买、进出口等，它们的变化不仅直接在核算上影响国民经济，更是通过一系列复杂的波及效应来影响众多产业，从而最终影响国民经济；另一类变量是指一些影响国民经济发展的重要指标性变量，比如生产资料价格、利率等，它们的变化也将在一个很广泛的范围内，通过产业链等经济传导方式来产生波及效应。

（三）石油产业波及效应的机理

石油对其他产业产生波及效应的内在机理是产业间客观存在的技术关联；而技术关联内在表现为产业间产品链上的供求关系，外在表现为商品交易关系。因此，石油产业的产出增加尤其是投资增加会通过产业链带动很多行业的发展，比如石油产业上游的物化探投资、产能建设投资等能够增加对制造业、建筑业、交通运输业的产品需求，从而对其产生波及效应。石油产业一直是高投资行业，其固定资产投资额占全国的比例保持在 3% 以上，与此同时，石油产业尤其是石油加工业对其他产业的中间需求比例很高，比如根据 2007 年投入产出表可以得到石油加工业的中间需求比例高达 82%，因此石油产业对其他产业的波及效应会很明显地通过产业间的产业链体现出来。

国民经济的正常运转离不开资金和劳动力的支撑。因此，国民经济产业间客观存在的技术关联所带来的另外一种客观存在便是相应的资金流和劳动力流。产品互供等经济关系将国民经济各行业紧密地结合在一起，而资金流和劳动力流则依附在产业关联当中，并且在短期中具有一定刚性。因此，当某一特定经济活动变化时，它便会通过资金流和劳动力流对其他产业产生波及作用。在中长期里，资金流和劳动力流会由于市场内在规律发生最终变化，此时，波及过程中的一些波及特性也将发生相应改变。

石油产业作为产品供应者的成本影响波及效应主要通过向下延伸的石油产业链进行。石油属于上游的生产资料，而上游生产资料会通过成本链条向下游商品扩散，一直波及最终消费品。石油不仅仅是重要的化石燃料，比如其可以加工成广泛使用的汽油、柴油、燃料油，同时也是重要的化工原料，原油中提炼出来的初级有机产品（如乙烯、乙炔、芳烃、烯烃等）可以用作提炼塑料、橡胶、化纤等工业原料，并最终成为日用工业消费品而影响国民经济。因此，向下延伸的石油产业波及链大致可以分为两条：燃料能源类和工业原料类。由于这两个链条在国民经济中占有重要地位，因此，石油的成本影响波及效应几乎波及国民经济的每一个行业。

（四）石油产业波及效应理论的主要研究内容

波及效应理论与产业关联理论密切相关，产业关联理论是波及效应理论的根基。波及效应理论是定量研究某一特定经济活动变化所产生的经济影响的理论。该理论在对某一特定经济活动变化所产生的各种波及效应进行合理界定和划分的基础上，定量分析该特定经济活动变化所产生的各种效应以及波及的过程。

石油产业波及效应理论是波及效应理论在石油产业中的运用。尽管基础原理与波及效应理论类似，但是国民经济各产业之间，尤其是高投资的石油产业与最终消费占很高比例的第三产业在产业波及特性方面差异较大。

石油产业波及效应理论的主要内容有：在规范波及效应的定义、分类等基础概念的基础上进行波及效应的计算模型研究，波及效应的定量计算及动态变化分析，波及效应的波及过程分析如波及路径和波及速率，波及效应的经济控制研究。

本章将对各类波及效应的定量计算模型进行研究，在第四章对其进行实际的计算分析，并对不同历史年份的波及效应变化进行分析；本书第五章将在国民经济的大系统下对波及效应的动态变化进行模拟分析。

石油产业对不同产业的波及过程不尽相同，可以用波及过程中波及属性进行描述，比如"波及路径""波及速率"等。本书将在第六章对石油产业波及效应的路径分析和波及速率进行详细的分析和计算。石油产业波及效应的路径分析是指将波及效应结果进行波及过程的分解，需要分析石油产业如何通过具体的产业路径来对国民经济产生波及效应。对石油产业波及路径的定量分析有利于相关决策部门进行针对性的宏观政策制定。石油产业波及效应的波及速率分析是石油产业波及过程中另一个重要的波及属性分析，是对波及速度和快慢的衡量。波及速率是个"无量纲"单位，其快慢主要取决于所研究对象的经济系统结构，比如相互联系的变量间的紧密程度、波及路径的复杂程度等。尽管有些产业的波及效应很大，但由于波及路径的复杂程度高，即波及过程经过的中间产业很多，会降低波及效应的波及速率。

本书第七章对波及效应的经济控制进行研究，从经济控制论的角度分析石油－国民经济系统的系统特征，并对如何提高系统性能、尽量弥补石油产业的不良波及效应等进行分析研究。

二 石油产业波及效应的理论模型研究

模型研究是理论研究的重要组成部分，也是理论研究的重要支撑。本书提出并采用两种建模思路来研究石油产业的波及效应，即基于结果的求解思路和基于过程的求解思路。两者的主要区别在于求解诱发波及效应的思路存在实质区别：前者基于求解诱发波及效应的最终结果来建模求解；后者则追溯诱发波及效应的过程来建模求解，即跟踪计算"特定经济活动变化—劳动者就业人数—劳动者收入—劳动者消费影响—诱发波及效应"。

（一）　直接波及效应的分析模型

石油产业对国民经济的直接波及效应是指石油产业对国民经济的初始即第一轮影响，它的产生是由石油产业通过本身生产经营来直接创造产品和服务，从而对国民经济产生影响。所以，直接波及效应的计算过程相对简单。石油产业每一个单位最终需求的变化将直接影响一个单位的总产出变化，不会增加也不会减少，即石油产业对国民总产出的直接波及效应系数 $E_{直接}$ 等于 1；但是，如果衡量石油产业对国内生产总值（GDP）的直接波及效应，则可以借鉴国内生产总值增值系数来计算。国内生产总值增值系数是指某一部门单位产出能产生的国内生产总值增值，所以，石油产业对国内生产总值的直接波及效应系数 $e_{直接-GDP}$ 的计算公式如下：

$$e_{直接-GDP} = N/X \tag{3.6}$$

其中，N 表示石油产业所创造的国民收入，X 表示石油产业生产的总产出。

由于石油产业对国民经济的直接波及效应衡量的是石油产业对国民经济最原始的第一轮影响，因此基于过程与基于结果的思路在计算直接波及效应方面完全一样，这里不再重复。

（二）　间接和诱发波及效应的分析模型——基于结果的求解思路

石油产业对国民经济的间接波及效应是指石油产业通过其他产业部门来间接影响国民经济，是一种波及广度的衡量。当石油产业产出发生变化时，这一变化会通过不同的产业关联关系来引起其他产业的变化，进一步，这些相关产业部门的产出变化同样又会引起与其直接相关的其他产业部门的产出变化，依次传递。当然，在传递过程中，波及效应的强度也会逐渐减弱。

石油产业对国民经济的诱发波及效应是指劳动者在石油产业相关经济活动中获得收入后进行消费而对国民经济产生的波及效应。

本书通过改进投入产出模型来衡量间接波及效应和诱发波及效应。投入产出模型基本关系式可以表述如下：

$$AX + Y = X \tag{3.7}$$

其中，A 表示直接消耗系数矩阵，X 表示总产出，Y 表示最终使用，AX 表示中间使用。

现将最终使用 Y 进行分解，公式（3.7）则可以变形如下：

$$AX + CX + TX + FD = X \tag{3.8}$$

其中，A 仍然表示直接消耗系数矩阵，X 仍然表示总产出，C 表示居民消费系数矩阵，T 表示净出口系数矩阵，FD 表示投资、政府支出等最终需求。

矩阵 C 和 T 均为对角矩阵，下面分别显示了矩阵 C 和 T 的表达形式：

$$C = \begin{bmatrix} C_{11} & & & & & \\ & C_{22} & & & & \\ & & \cdots & & & \\ & & & C_{ii} & & \\ & & & & \cdots & \\ & & & & & C_{nn} \end{bmatrix} \tag{3.9}$$

$$T = \begin{bmatrix} T_{11} & & & & & \\ & T_{22} & & & & \\ & & \cdots & & & \\ & & & T_{ii} & & \\ & & & & \cdots & \\ & & & & & T_{nn} \end{bmatrix} \tag{3.10}$$

矩阵 C 和 T 中，C_{11} 表示产业 1 的居民消费占总产出的比例，T_{11} 表示产业 1 的净出口占总产出的比例，其他元素为 0。

公式（3.8）可以进一步整理如下：

$$(I - A - C - T)X = FD \tag{3.11}$$

如果（$I - A - C - T$）是非奇异矩阵，则：

$$X = (I - A - C - T)^{-1} \times FD \tag{3.12}$$

当投资、政府支出等最终需求，即 FD 发生变化时，总产出 X 也将相应发生变化，如下：

$$\Delta X = (I - A - C - T)^{-1} \times \Delta FD \tag{3.13}$$

公式（3.13）衡量了包括直接、间接和诱发波及效应在内的总波及效应。如果不考虑消费的影响，即 $C = 0$，则衡量了直接和间接波及效应，公式变为：

$$\Delta X = (I - A - T)^{-1} \times \Delta FD \tag{3.14}$$

直接和间接波及效应之和减去前面论述的直接波及效应则为间接波及效应。所以，当石油产业最终需求 FD 发生单位变化时，其对国民总产出的间接波及效应系数 $e_{间接-产出}$ 可以计算如下：

$$e_{间接-产出} = (I - A - T)^{-1} - 1 \tag{3.15}$$

公式（3.13）和公式（3.14）的区别在于是否考虑消费的影响，两者之差则为诱发波及效应系数。所以，当石油产业最终需求 FD 发生单位变化时，其对国民总产出的诱发波及效应系数 $e_{诱发-产出}$ 可以计算如下：

$$e_{诱发-产出} = (I - A - C - T)^{-1} - (I - A - T)^{-1} \tag{3.16}$$

上面的波及效应衡量的是对总产出的影响，如果衡量对国内生产总值（GDP）的影响则需要再乘以国内生产总值增值系数 Z。所以，石油产业对国内生产总值的间接波及效应系数 $e_{间接-GDP}$ 和诱发波及效应系数 $e_{诱发-GDP}$ 可以计算如下：

$$e_{间接-GDP} = e_{间接-产出} \times Z \tag{3.17}$$

$$e_{诱发-GDP} = e_{诱发-产出} \times Z \tag{3.18}$$

国内生产总值增值系数 Z 计算如下：

$$Z = N/X \tag{3.19}$$

其中，N 表示国民收入，X 表示总产出。

（三） 间接和诱发波及效应的分析模型——基于过程的求解思路

1. 间接波及效应

本书在波及效应的基本概念部分指出，本书所研究的石油产业直接波及效应、间接波及效应和诱发波及效应，均是指石油产业作为产业购买者角色下的波及效应；作为供应者的波及效应将单独列出。

作为购买者的石油产业，石油产业的发展离不开其他产业对其的中间投入。因此，石油产业的发展会通过消耗其他产业产品来促使这些产业部门扩大再生产；同时，这些产业部门生产的扩大又进一步产生对其各自的中间需要，这样又促使了另一些部门扩大再生产，依此类推，从而对国民经济的众多产业产生影响。本书使用石油产业的完全消耗系数进行相关计算，由于完全消耗系数表示了一个产业单位最终使用需要完全消耗其他各部门产品和服务的价值量，是部门之间相互依存的数量关系的全面反映。因此，本书将石油产业的完全消耗系数作为石油产业波及效应中除了直接波及效应之外的其他所有波及效应之和，即包括间接波及效应和诱发波及效应。因为各个产业的总投入中，既包含对其他产业中间消耗的中间投入，也包括劳动者就业收入在内的增加值部分。因此，石油产业对其他产业的完全消耗系数中既有来自中间投入部分的消耗，也有来自增加值部分的消耗，而诱发波及效应主要源于劳动者取得的劳动收入。所以，当石油产业最终需求 FD 发生单位变化时，其间接波及效应系数可以计算如下：

$$e_{间接-产出} = B - e_{诱发-产出} \tag{3.20}$$

$$e_{间接-GDP} = Z \times B - e_{诱发-GDP} \tag{3.21}$$

其中，$e_{间接-产出}$和$e_{间接-GDP}$分别是石油产业对国民经济总产出和国内生产总值的间接波及效应系数，B表示完全消耗系数矩阵，$e_{诱发-产出}$和$e_{诱发-GDP}$分别是石油产业对国民经济总产出和国内生产总值的诱发波及效应系数。诱发波及效应系数的计算将在下一部分进行详细论述。

2. 诱发波及效应

正如前面所述，基于过程的思路来计算诱发波及效应时，需要追溯诱发波及效应的过程。因此石油产业的诱发波及效应计算应该包括如下三个方面：受石油产业影响的就业人数计算、受石油产业影响的劳动者收入计算、受石油产业影响的劳动者收入的消费效应计算。这三个方面的计算过程如下。

（1）受石油产业影响的就业人数计算。

受石油产业影响的就业人数应该包括石油产业的内部和外部，即石油产业对石油产业本身和其他产业所直接和间接提供的就业总人数。

目前，已经有不少学者采用投入产出模型来计算水运业（邵文武、张国良，2007）、交通运输业（汪传旭，2004）的就业贡献等类似问题。在这些文献中，都采用如下公式：

$$J_i = \frac{N_i}{G_i} \sum_{j=1}^{n} C_{ji} \qquad (3.22)$$

其中，J_i是指产业i综合就业系数，N_i是指产业i直接就业人数，G_i是指产业i的产出，C_{ji}是指矩阵$(I-A)^{-1}$中相应的系数。

尽管上述做法比较简洁，但也存在一定的问题。因为石油行业影响的行业众多，而不同行业自身特点差异使得行业间的就业系数差异很大，比如我国是农业大国，农村就业人数众多，因此农业单位生产总值所需要的就业人数明显高于其他行业，因此，仅用完全需求系数矩阵$(I-A)^{-1}$中的相应系数来计算综合就业系数就有些牵强。本书将考虑不同行业就业系数的差别来计算石油产业的综合就业系数，具体分析步骤如下。

第一步：计算出包括石油产业在内的不同行业的直接就业系数。

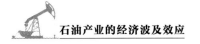
$$J_{i直接} = \frac{N_i}{G_i} \times 10000 \qquad (3.23)$$

其中，$J_{i直接}$ 是指产业 i 的直接就业系数，衡量了产业 i 每万元单位产出的直接就业人数；N_i 是指产业 i 的直接就业人数；G_i 是指产业 i 的产出。

第二步：计算石油产业的间接就业系数。

石油产业除了对就业有直接的波及效应外，还通过与其他产业的经济关联活动对就业产生间接波及效应。因此，石油产业对就业的间接波及效应过程和石油产业对国民经济的间接波及效应过程同步。

根据前面基于过程分析石油产业对国民经济间接波及效应的思路，分别计算增加单位石油产业产出对其他各个部门产出的间接波及效应；在此基础上，将不同产业受到的间接波及效应与对应产业的直接就业系数相乘，就是单位石油产业产出增加对其他各个产业的间接就业波及系数，将其累加，得到石油产业的间接就业波及效应系数，计算公式如下：

$$J_{间接} = \sum_{i=1}^{n} b_{ji} \times J_{i直接} \qquad (3.24)$$

其中，$J_{间接}$ 是石油产业的间接就业波及效应系数，b_{ji} 是指部门 i 对部门 j 的完全消耗系数，$J_{i直接}$ 是部门的直接就业系数。

第三步：计算石油产业的就业波及效应系数。

将石油产业的间接就业波及效应系数与直接就业波及效应系数相加，得到石油产业的就业波及效应系数，计算公式如下：

$$J = J_{直接} + J_{间接} = \frac{N_{石油}}{G_{石油}} \times 10000 + \sum_{i=1}^{n} b_{ji} \times J_i \qquad (3.25)$$

其中，$N_{石油}$ 是指石油产业直接就业人数，$G_{石油}$ 是指石油产业总产出。

（2）受石油产业影响的劳动者收入计算。

在计算得出石油产业的直接和间接就业影响人数后，根据各行业的工资收入，就可以计算石油行业的就业波及收入，计算公式如下：

$$R = J_{直接} \times r_{石油} + \sum_{i=1}^{n} (J_{i间接} \times r_i)$$

(3.26)

其中，$J_{直接}$是受石油行业影响的劳动者就业波及总收入，$r_{石油}$是石油行业就业者平均年收入，$J_{i间接}$是产业 i 受石油产业影响的间接就业系数，r_i是部门 i 的就业者平均年收入。

（3）受石油产业影响的劳动者收入的消费效应计算。

受石油产业影响的劳动者在获得收入后，会将一部分所增加的收入用于消费，从而使得社会的最终需求增加。社会的最终需求的增加又反过来刺激国民经济各部门进一步扩大生产，从而导致收入的进一步增加。这一系列由于消费的作用而产生的波及效应之和称为诱发波及效应。

劳动者在获得收入后究竟有多少用于消费？这个涉及"消费倾向"的问题，"消费倾向"最早由凯恩斯提出，指的是收入和消费之间的函数关系。凯恩斯认为，消费倾向是一个相对稳定的函数。凯恩斯进一步把消费倾向分为平均消费倾向和边际消费倾向。平均消费倾向是总消费量对总收入量之比，边际消费倾向是消费增量对收入增量之比。本书采用边际消费倾向（MPC）的概念，即每变动 1 单位的收入中用于消费的变动额。因此，劳动者在受石油产业产出变动而获得额外收入后的诱发波及效应系数 $e_{诱发-产出}$ 可以计算如下：

$$e_{诱发-产出} = \frac{1}{1 - MPC} \times R$$

(3.27)

其中，R 就是前文中提及的受石油行业影响的劳动者就业波及总收入。

（四）成本影响波及效应的分析模型

成本影响波及效应是指产业作为供应者，其产品或者服务价格变化对使用该产业产品作为中间投入的其他产业的成本的波及影响。由

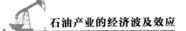

于成本影响波及效应是站在产业供应者的角度分析其产品或服务价格变化的波及影响，其发生机理与现有的投入产出价格模型相同，主要计算公式如下：

$$\Delta P = \begin{pmatrix} \Delta p_1 \\ \Delta p_2 \\ \cdots \\ \Delta p_j \\ \cdots \\ \Delta p_n \end{pmatrix} = \begin{pmatrix} \dfrac{c_{i1}}{c_{ii}} \\ \dfrac{c_{i2}}{c_{ii}} \\ \cdots \\ \dfrac{c_{ij}}{c_{ii}} \\ \cdots \\ \dfrac{c_{in}}{c_{ii}} \end{pmatrix} \Delta p \qquad (3.28)$$

其中，ΔP 是石油产业产品价格变化对各产业价格的影响向量；Δp 是石油产业产品的价格变化；Δp_j 是指石油产业的产品价格变化后，产业 j 产品价格所受的影响；c_{ij} 是列昂惕夫逆矩阵中的相关数值。

在获得各部门的产品价格变化后，可以根据各部门在国民经济中的产出比重对其进行加权平均，这样就可以得到石油产业对整个国民经济产生的价格影响，公式如下：

$$\Delta p = \sum_{j=1}^{n} \Delta p_j \times Q_j \qquad (3.29)$$

其中，Δp 是石油产业产品价格变化对整个国民经济产生的价格影响；Δp_j 是指石油产业的产品价格变化后，产业 j 产品价格所受的影响；Q_j 是产业 j 的产出在国民经济总产出中的比重。

（五）潜在波及效应的分析模型

本书前面将"潜在波及效应"定义为产业作为产品供应者，其产出增加对使用该产业产品作为中间投入的其他产业产生的产出扩大的波及效应。由于"潜在波及效应"是产业供给者角色下的波及效应，与传统的前向波及效应有类似之处，本书将借鉴并改进已有模型，主要计算思路如下。

如果产业 j 产出增加 Δx 时，其中一部分产出就作为中间投入在各生产产业间进行分配。假定这些生产产业保持原有比例发展，这些产业在得到 j 产业中的产出投入以后，就可以扩大生产来增加产出。产业 i 需要产业 j 的产出量计算如下：

$$u_i = \begin{cases} \dfrac{x_{ji}\Delta x}{X_j - x_{jj}} & i = 1,2,\cdots,n; i \neq j \\ 0 & i = j \end{cases} \tag{3.30}$$

这些产业在得到产业 j 产出增加值的一部分后，产业 i 所能增加的产出如下：

$$\Delta x'i = \begin{cases} \dfrac{u_i}{a_{ji}} & a_{ji} \neq 0 \\ 0 & a_{ji} = 0 \end{cases} \tag{3.31}$$

其中，$a_{ji} = \dfrac{x_{ji}}{X_i}$ 是直接消耗系数，即产业 i 单位产出所需石油产业的中间投入。故由产业 j 前向波及导致的各部门产出的增加值矩阵 $\Delta X'$ 为：

$$\Delta X' = (\Delta X'_1, \Delta X'_2, \cdots, \Delta X'_n)^T \tag{3.32}$$

再根据国内生产总值增值系数 Z，可以求出各产业所能创造的国内生产总值为 $Z^T \Delta X'$。

上述的各产业在扩大生产过程中，除了需要 j 产业的产品作为其中间投入以外，还需要其他产业的产品作为中间投入。这样，这些部门也存在各自的后向波及效应，即 $Z^T B\Delta X'$。所以，j 产业的前向波及效应 $E_{前向}$ 如下：

$$E_{前向} = Z^T \Delta X' + Z^T B\Delta X' = Z^T(1 - A)^{-1}\Delta X' \tag{3.33}$$

前文已经分析指出，这种波及效应的产生需要其他产业的协同合作，只是给其他产业的扩大再生产提供发展机会，因此称之为潜在波及效应。上述计算公式也显示了最终的计算结果不是源头产业 j 的单独作用结果，而是所有产业的共同结果，即"因 j 产业产出增加引发其与其他产业共同协作而对国民经济带来的总潜在波及效应"。本书拟在此基础上考虑产业 j 在当中的权重，权重计算基于产业 j 产值在国民经济总产值中的比重，用完全需求系数矩阵 $\bar{B} = (1 - A)^{-1}$ 第 j 列元素的列和占整个矩阵所有元素总和的比重，因为完全需求系数矩阵是站在最终需求的角度衡量每一个产业对最终产品需求而引发的对所有部门总产出的影响。因此，当石油产业发生单位产出变化后，潜在波及效应系数 $e_{潜在-产出}$ 的计算公式如下：

$$e_{潜在-产出} = W_j \times Z^T (1 - A)^{-1} \Delta X' = \frac{\sum_{i=1}^{n} \bar{B}_{ij}}{\sum_{i=1}^{n} \sum_{j=1}^{n} \bar{B}_{ij}} \times Z^T (1 - A)^{-1} \Delta X' \qquad (3.34)$$

其中，W_j 是 j 产业的完全需求系数在全体产业完全需求系数中的比重，即完全需求系数矩阵第 j 列元素的列和占整个矩阵所有元素总和的比重；$\bar{B}_{ij}$ 为完全需求系数矩阵中的相关数值；$\Delta X'$ 是由 j 产业前向波及导致的各部门产出的增加值矩阵。

第三节　本章小结

本章对目前涉及产业波及效应的相关研究进行了总结，并着重分析了当前研究存在的主要问题；在此基础上，初步构建了石油产业波及效应理论：对波及效应的基本概念、波及效应在不同角度下的分类进行了重新梳理；对石油产业波及效应的机理、石油产业波及效应所包含的主要研究内容进行了分析，比如石油产业波及效应的定量计算及动态变化分析、石油产业波及过程中的波及路径和波及速率分析、波及效应的经济控制研究等；紧接着对各种波及效应的模型计算进行了研究分析；在间接波及效应和诱发波及效应的模型计算方面，分别采用基于结果和基于过程的两种思路进行研究，由于基于过程的研究思路提供更多的中间信息，对其进行比较分析有利于加深对石油产业波及效应的发生和变化原因的理解；尽管潜在波及效应不能与直接、间接和诱发波及效应相加，但该指标仍然是一个衡量产业影响力的重要指标，本章改进了已有的相关计算模型，使之能相对合理地评价一个产业作为产品供应者的潜在波及效应。

第四章

石油产业波及效应的计算分析

　　石油产业不仅为国民经济发展提供能源保障，作为国民经济的重要组成部分，石油产业也为国民经济尤其是工业化发展做出了重要贡献。在第二章中，基于投入产出表以及相关统计数据，本书已经在总体上分析石油产业在国民经济中的地位。不难理解，石油产业不仅可以直接波及国民经济，也可以通过相关产业间接地波及其他产业，最终波及整个国民经济。第三章对石油产业的波及效应理论进行了研究，对波及效应的定量计算模型进行了探讨。本章将采用第三章中基于静态投入产出模型的波及效应定量计算模型对石油产业对国民经济的波及效应进行深入分析，以便更好地认识石油产业在国民经济中的地位，也为发展石油产业提供一定的决策参考。

第一节　石油产业直接波及效应的计算分析

一　石油产业直接波及效应计算

　　第三章中已经提及石油产业直接波及效应是指石油产业通过相关

经济活动自身直接创造产品和服务对国民经济的贡献，即石油产业对国民经济的第一轮影响。图4-1显示了1999～2007年中国石油产业工业增加值。2007年，石油产业增加值已经接近1万亿元。2008年起，国家统计局开始不再公布分行业的工业增加值，仅公布分行业的工业总产值。

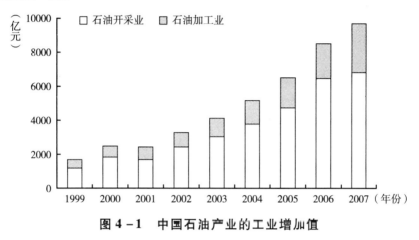

图4-1 中国石油产业的工业增加值

数据来源：根据历年《中国统计年鉴》计算整理。

从图4-1中不难发现，近10年尤其2001年以来，中国石油产业工业增加值增长迅速。1999～2007年石油产业工业增加值平均增长率为25.35%。

图4-2显示了1999年以来石油产业工业增加值占全国GDP的比例变化。从中不难发现，2003年以前，这一比例低于3%，而在2003年以后这一比例超过3%。1999～2007年的平均比例为3.01%，而最近5年的平均比例上升到3.55%。

石油产业对国内生产总值的直接波及效应系数 $e_{直接}$ 采用 $e_{直接} = N/X$ 来计算。其中，N 表示石油产业所创造的国民收入，X 表示石油产业生产的总产出。

根据上述公式，本书将石油产业工业增加值等同于石油产业所创造的国民收入，石油产业工业总产值等同于石油产业的总产出，从而计算石油产业对国内生产总值的直接波及效应系数。

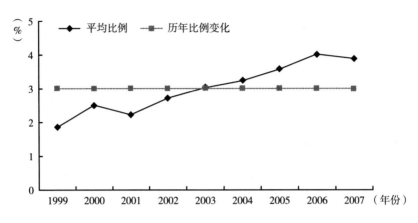

图 4-2 石油产业工业增加值占全国 GDP 的比例

数据来源：根据历年《中国统计年鉴》计算整理。

石油产业以及细分的石油开采业和石油加工业的直接波及效应系数可以计算得出，如表4-1所示。

表 4-1 2007 年中国石油产业的直接波及效应系数

产业名称	直接波及效应系数
石油产业	0.3651
石油开采业	0.7772
石油加工业	0.1735

数据来源：根据历年《中国统计年鉴》计算整理。

二 石油产业对国民经济的直接波及效应变化分析

本书使用上述同样的方法计算了石油产业以及细分的石油开采业和石油加工业自 1997 年以来的直接波及效应系数，如表 4-2 所示。

从表 4-2 中可以看出，石油开采业直接波及效应系数明显高于石油加工业直接波及效应系数。总体而言，石油产业的直接波及效应系数保持平稳，但是石油开采业的直接波及效应系数有所上升，这是益于国际原油价格上升的；石油加工业的直接波及效应系数有所下降，

表4-2　中国石油产业的直接波及效应系数变化

年份	石油产业	石油开采业	石油加工业
1997	0.4171	0.6454	0.2318
1998	0.4157	0.6605	0.2269
1999	0.4235	0.6893	0.2185
2000	0.3966	0.7065	0.1777
2001	0.3941	0.7272	0.1925
2002	0.3897	0.7022	0.2096
2003	0.3784	0.6865	0.2065
2005	0.3716	0.7658	0.1651
2006	0.3630	0.7756	0.1528
2007	0.3651	0.7772	0.1735

注：国家统计局没有公布2004年、2008年及以后年份的相关统计数据。
数据来源：根据历年《中国统计年鉴》计算整理。

主要是由于国家多年来对成品油等石油产品价格的控制。需要指出的是，这里的直接波及效应系数主要衡量对国民经济的直接波及能力，是一种国民产值的贡献能力，而不是指波及效应的范围大小。石油产业波及效应的范围大小可以通过间接波及效应系数比较得出。

第二节　石油产业间接波及效应的计算分析

一　石油产业间接波及效应计算——基于结果的求解思路

根据第三章中的公式（3.14）$\Delta X = (I - A - T)^{-1} \times \Delta FD$ 可以求解石油产业的间接波及效应。其中，$(I - A - T)^{-1}$ 是包括直接和间接波及效应在内的系数，将其减去直接波及系数即可得间接波及系数。

本书以2007年投入产出表为例，计算石油产业的间接波及效应系数。同样，将石油产业划分为石油开采业和石油加工业。

国家统计局于 2009 年公布的 2007 年 42 部门投入产出表中，石油产业被分为石油和天然气开采业与石油加工、炼焦及核燃料加工业，由于石油开采业和石油加工业分别占其绝大部分比重，因此，本书以石油开采业、石油加工业分别代表石油和天然气开采业与石油加工、炼焦及核燃料加工业。

由于 $(I - A - T)^{-1}$ 是 42×42 矩阵，限于篇幅，本书无法将其全部列出，只列出石油开采业和石油加工业的相应列。其中石油开采业和石油加工业对应列 E_1、F_1 分别如下：

$E_1 = (0.01651, 0.02237, 0.65691, 0.01089, 0.00313, 0.01390, 0.01793, 0.00999,$
$0.00988, 0.01300, 0.05120, 0.07076, 0.01477, 0.11237, 0.02368, 0.06832,$
$0.02049, 0.03099, 0.03132, 0.01357, 0.00414, 0.00619, 0.10472, 0.00176,$
$0.00188, 0.00148, 0.03629, 0.00057, 0.00595, 0.02263, 0.01247, 0.02360,$
$0.00349, 0.00928, 0.00180, 0.00980, 0.00126, 0.00761, 0.00106, 0.00149,$
$0.00221, 0.00032)^T$

$F_1 = (0.02498, 0.08616, 0.39107, 0.01086, 0.00407, 0.02504, 0.02150, 0.01158,$
$0.01104, 0.01815, 1.07847, 0.10322, 0.01937, 0.11051, 0.03158, 0.07840,$
$0.02892, 0.03618, 0.03714, 0.01334, 0.00536, 0.00696, 0.12544, 0.00352,$
$0.00249, 0.00218, 0.07079, 0.00074, 0.01129, 0.04174, 0.01594, 0.03509,$
$0.00518, 0.01891, 0.00196, 0.01007, 0.00160, 0.01010, 0.00149, 0.00229,$
$0.00287, 0.00035)^T$

将矩阵 E_1 中的各个元素相加并减去石油开采业对产出的直接波及效应系数 1，便得到石油开采业对产出的间接波及效应系数 $e_{开采业间接 - 产出}$ 如下：

$$e_{开采业间接 - 产出} = 0.4720$$

如果计算石油开采业对 GDP 的间接波及效应系数 $e_{开采业间接 - GDP}$，则可以在石油开采业对产出的间接波及效应系数 $e_{开采业间接 - 产出}$ 的基础上乘以整个国民经济的 GDP 增值系数 Z。根据 2007 年投入产出表，2007 年我国各产业增加值合计为 2660438111 万元，总产出合计为

8188589620 万元，所以我国 2007 年的 GDP 增值系数 Z_{2007} 计算如下：

$$Z_{2007} = \frac{增加值合计}{总产出合计} = \frac{2660438111}{8188589620} = 0.3249$$

于是，2007 年石油开采业对 GDP 的间接波及效应系数 $e_{开采业间接-GDP}$ 可计算如下：

$$e_{开采业间接-GDP} = e_{开采业间接-产出} \times Z_{2007} = 0.1533$$

同理，得到石油加工业对产出的间接波及效应系数 $e_{加工业间接-产出}$ 如下：

$$e_{加工业间接-产出} = 1.5180$$

石油加工业对 GDP 的间接波及效应系数 $e_{加工业间接-GDP}$ 如下：

$$e_{加工业间接-GDP} = e_{加工业间接-产出} \times Z_{2007} = 0.4932$$

二　石油产业间接波及效应计算——基于过程的求解思路

根据第三章的相关研究思路，采用公式（3.20）和公式（3.21）来分别计算石油产业对国民经济总产出和 GDP 的间接波及效应系数。公式中的相关参数计算如下：

42 个部门的 GDP 增值系数矩阵 Z = (0. 5862,0. 4592,0. 5974,0. 3518,0. 3922, 0. 2436,0. 1951,0. 2231,0. 2377,0. 2382,0. 1780,0. 2031,0. 2747,0. 1952,0. 2082,0. 2309, 0. 1948,0. 1704,0. 1653,0. 2116,0. 2495,0. 8087,0. 2798,0. 2003,0. 4649,0. 2314,0. 4613, 0. 4905,0. 6003,0. 6011,0. 3757,0. 6895,0. 8338,0. 3231,0. 4362,0. 5376,0. 5145,0. 4589, 0. 5595,0. 3432,0. 4299,0. 5491)^{T}

完全消耗系数矩阵 B 可以表示为 $B = (I - A)^{-1} - I$，其中 A 为直接消耗系数矩阵，I 为单位阵。本书使用 2007 年投入产出表计算了完全消耗系数矩阵 B，并列出了石油开采业和石油加工业对其他部门的完全消耗系数。石油开采业对 42 个部门的完全消耗系数计算如下：

$B_{石油开采业}$ = (0. 02226,0. 03543,0. 06909,0. 02855,0. 00502,0. 02046,0. 01139,
0. 01005,0. 01109,0. 01669,0. 08380,0. 11135,0. 02190,0. 17078,

$0.03010, 0.11401, 0.03141, 0.04235, 0.03784, 0.02532, 0.00526,$

$0.01262, 0.16841, 0.00284, 0.00296, 0.00232, 0.05108, 0.00086,$

$0.00904, 0.02994, 0.01923, 0.03644, 0.00513, 0.01283, 0.00405,$

$0.01579, 0.00197, 0.01177, 0.00166, 0.00234, 0.00343, 0.00051)^T$

石油加工业对 42 个部门的完全消耗系数计算如下：

$B_{石油加工业} = (0.02753, 0.09623, 0.65755, 0.02449, 0.00533, 0.02879, 0.01131,$

$0.00964, 0.01037, 0.01868, 0.13446, 0.13015, 0.02336, 0.14491,$

$0.03247, 0.10951, 0.03525, 0.04105, 0.03683, 0.02170, 0.00553,$

$0.01186, 0.16722, 0.00427, 0.00318, 0.00270, 0.07587, 0.00090,$

$0.01320, 0.04264, 0.01996, 0.04295, 0.00603, 0.02004, 0.00373,$

$0.01396, 0.00204, 0.01260, 0.00187, 0.00284, 0.00361, 0.00047)^T$

所以，石油开采业对产出的间接和诱发波及效应系数之和 $e_{间接和诱发开采业-产出}$，对 GDP 的间接和诱发波及效应系数之和 $e_{间接和诱发开采业-GDP}$ 分别计算如下：

$$e_{间接和诱发开采业-产出} = B \times \Delta X = 1.2993$$

$$e_{间接和诱发开采业-GDP} = B \times \Delta X \times Z_{2007} = 0.4221$$

石油加工业对产出的间接和诱发波及效应系数之和 $e_{间接和诱发加工业-产出}$、对 GDP 的间接和诱发波及效应系数之和 $e_{间接和诱发加工业-GDP}$ 分别计算如下：

$$e_{间接和诱发加工业-产出} = B \times \Delta X = 2.0571$$

$$e_{间接和诱发加工业-GDP} = B \times \Delta X \times Z_{2007} = 0.6684$$

把石油产业对产出和 GDP 的间接和诱发波及效应系数之和相应地减去基于过程的思路计算得出的石油产业对产出和 GDP 的诱发波及效应，便可以得到相应的间接波及效应。本书把下面的石油产业对产出和 GDP 的诱发波及效应计算结果提前放到这里：石油开采业对产出和 GDP 的诱发波及效应分别是 0.6821 和 0.2216；石油加工业对产出和 GDP 的诱发波及效应分别是 0.8199 和 0.2664。具体计算分析过程见下节。

所以，石油开采业对产出和GDP的间接波及效应系数 $e_{间接开采业-产出}$ 和 $e_{间接开采业-GDP}$ 分别计算如下：

$$e_{间接开采业-产出} = 1.2993 - 0.6821 = 0.6172$$

$$e_{间接开采业-GDP} = 0.4221 - 0.2216 = 0.2005$$

石油加工业对产出和GDP的间接波及效应系数 $e_{间接加工业-产出}$ 和 $e_{间接加工业-GDP}$ 分别计算如下：

$$e_{间接加工业-产出} = 2.0571 - 0.8199 = 1.2372$$

$$e_{间接加工业-GDP} = 0.6684 - 0.2664 = 0.4020$$

第三节　石油产业诱发波及效应的计算分析

一　石油产业诱发波及效应计算——基于结果的求解思路

根据第三章中的公式（3.16）$e_{诱发-产出} = (I-A-C-T)^{-1} - (I-A-T)^{-1}$ 可以求解石油产业对产出的诱发波及效应系数。其中，I 表示单位矩阵，A 表示直接消耗系数矩阵，C 表示居民消费系数矩阵，T 表示进出口系数矩阵。

本书以2007年投入产出表为例，分别计算石油开采业和石油加工业的诱发波及效应系数。

由于 $e_{诱发-产出} = (I-A-C-T)^{-1} - (I-A-T)^{-1}$ 是 42×42 矩阵，限于篇幅，本书无法将其全部列出，只列出石油开采业和石油加工业的相应列。其中石油开采业和石油加工业对应列的转置矩阵 E_2、F_2 分别如下：

$E_2 = ($ 0.04471, 0.00659, 0.00602, 0.00177, 0.00101, 0.04360, 0.02750, 0.02048,

　　　0.00390, 0.00924, 0.01287, 0.03759, 0.00329, 0.01738, 0.00676, 0.00825,

　　　0.00985, 0.01189, 0.01705, 0.00243, 0.00360, 0.00152, 0.02984, 0.00132,

　　　0.00144, 0.00065, 0.01703, 0.00041, 0.00610, 0.02270, 0.01506, 0.01744,

　　　0.00909, 0.00829, 0.00043, 0.00151, 0.00074, 0.01171, 0.00118, 0.00189,

$0.00182, 0.00008)^T$

$F_2 = (0.06902, 0.01356, 0.02358, 0.00297, 0.00163, 0.07020, 0.03747, 0.02725,$

$0.00589, 0.01465, 0.05920, 0.05884, 0.00554, 0.02936, 0.01102, 0.01508,$

$0.01599, 0.01805, 0.02564, 0.00383, 0.00526, 0.00249, 0.04558, 0.00254,$

$0.00215, 0.00107, 0.03031, 0.00062, 0.01083, 0.03967, 0.02203, 0.02779,$

$0.01409, 0.01414, 0.00071, 0.00262, 0.00112, 0.01720, 0.00183, 0.00300,$

$0.00275, 0.00013)^T$

将矩阵 E_2 中的各个元素相加，便得到石油开采业对产出的诱发波及效应系数 $e_{诱发开采业-产出}$ 如下：

$$e_{诱发开采业-产出} = 0.4460$$

如果考虑石油开采业对 GDP 的诱发波及效应系数 $e_{诱发开采业-GDP}$，则在石油开采业对产出的诱发波及效应系数的基础上乘以增值系数 Z。上文已经计算我国 2007 年的 GDP 增值系数 Z_{2007} 为 0.3249。所以，2007 年石油开采业对 GDP 的间接波及效应系数 $e_{诱发开采业-GDP}$ 可以计算如下：

$$e_{诱发开采业-GDP} = e_{诱发开采业-产出} \times Z_{2007} = 0.1449$$

同理，得到石油加工业对产出的诱发波及效应系数 $e_{诱发加工业-产出}$ 如下：

$$e_{诱发加工业-产出} = 0.7567$$

石油加工业对 GDP 的诱发波及效应系数 $e_{诱发加工业-GDP}$ 如下：

$$e_{诱发加工业-GDP} = e_{诱发加工业-产出} \times Z_{2007} = 0.2459$$

二 石油产业诱发波及效应计算——基于过程的求解思路

基于过程的思路来计算诱发波及效应时，需要追溯诱发波及效应的过程。根据第三章的相关分析，本小节将分别计算受石油产业影响的就业人数、受石油产业影响的劳动者收入和受石油产业影响的劳动者收入的消费效应。

（一）受石油产业影响的就业人数计算

就业是关乎国计民生的大事，党和政府历来高度重视就业问题。

保持较高就业率的积极效应主要体现在两个方面：一方面是有利于社会的和谐稳定，这也是最重要的一方面，包括石油产业在内的任何一个产业的不健康发展不仅会带来产业内就业人数的下降，也会带来相关产业的就业下降，从而带来严重的社会问题；另一方面，只有良好的就业环境和就业预期才会增加劳动者的收入，而劳动者也只有在具备稳定收入的情况下才会进行消费。在我国，消费是与投资、出口并重的国民经济"三驾马车"之一，尤其是在国家越来越重视内需的时候，只有在劳动者顺利就业并取得收入的前提下，内需才能最大限度地发挥作用。

石油产业不同于新兴的信息科技产业，它不仅是资金密集型行业，也是劳动力密集型行业。尽管石油行业直接就业人数有下降趋势，但是就业人数依然众多，再加上受石油行业直接或间接影响的就业人数，石油行业在就业方面对国民经济产生了重大的影响。

采用第三章中公式（3.25）来计算受石油产业每万元产出增加的就业影响人数。国家统计局公布的各行业就业人员数中口径划分比较粗，没有细分到石油行业，但是公布了石油行业的单位就业人员数，国家统计局对这两个指标的解释是：就业人员是指 16 周岁及以上且从事一定社会劳动并取得劳动报酬或经营收入的人员，这一指标反映了一定时期内全部劳动力资源的实际利用情况；单位就业人员是指在各级国家机关、政党机关、社会团体及企业、事业单位中工作，取得工资或其他形式的劳动报酬的全部人员。

毋庸置疑，就业人员数要大于单位就业人员数，但这个差距在不同的行业间区别明显。比如，农业中的就业人数与单位就业人数相差极大，因为我国是一个农业大国，大量从事农业工作的人并不在国家机关、政党机关、社会团体及企业、事业单位中；采掘业中的就业人数与单位就业人数相差不大，因为这些就业人员主要在企事业中。为了更好地反映就业信息，本书采用"就业人员"指标，并采用一定的调整系数，将国家统计局公布的"单位就业人员"调整为"就业人员"，公式如下：

$$P_i = p_i \times r_i \qquad\qquad (4.1)$$

其中，P_i 是指产业 i 的就业人员，p_i 是指产业 i 的单位就业人员，r_i 是指产业 i 的就业人员调整系数。

不同行业的就业人员调整系数也不尽相同，以石油开采业为例，尽管国家统计局没有公布石油开采业的就业人数，但是公布了采掘业的就业人数。由于石油开采业属于采掘业，因此本书采用采掘业就业人员数和单位就业人员数的比例作为石油开采业就业人员数和单位就业人员数的比例，即调整系数如下：

$$r_{石油开采业} = \frac{P_{采掘业}}{p_{采掘业}} \qquad\qquad (4.2)$$

其中，$P_{采掘业}$ 表示采掘业的就业人数，$p_{采掘业}$ 表示采掘业的单位就业人数。

由于公布单位就业人数的细分行业都能在公布就业人数的粗分行业中找到上级归属行业，因此可以得到每一个大类行业的就业人员调整系数。经过数据的收集整理和计算，得到 2007 年投入产出表中 42 个部门的就业人数调整系数，如表 4 - 3 所示。

表 4 - 3 2007 年就业人数调整系数

部门	调整系数
农、林、牧、渔业	73.76
采掘业	1.65
制造业	3.79
电力、煤气及水的生产和供应业	1.51
建筑业	5.86
交通运输仓储邮电业	4.57
批发零售贸易和餐饮业	9.79
金融保险业	1.19
房地产业	1.48

部门	调整系数
社会服务业	2.01
教育事业	1.32
卫生、社会保障和社会福利事业	1.22
文化、体育和娱乐业	1.30
公共管理和社会组织	1.36

数据来源：根据 2007 年《中国统计年鉴》计算整理。

根据就业人员调整系数，可以得出不同行业在 2007 年的就业人员数（单位：万人）：

P = (31444.00， 595.01， 159.59， 89.11， 37.67， 1091.41， 1003.78， 1150.68， 272.73， 567.22， 236.85， 1727.71， 777.17， 1068.31， 410.48， 1449.22， 997.34， 721.42， 1153.19， 258.25， 239.73， 8.09， 353.58， 26.52， 77.69， 6154.68， 2569.36， 275.21， 198.70， 4963.28， 1819.47， 463.87， 245.74， 497.79， 85.30， 236.62， 236.27， 115.55， 2011.68， 662.90， 162.27， 1754.71)

将其除以各自对应的产业产出，得到各个行业的直接就业系数（单位：人/万元）：

$J_{直接}$ = (0.6431， 0.0617， 0.0167， 0.0145， 0.0098， 0.0261， 0.0398， 0.0637， 0.0248， 0.0380， 0.0112， 0.0279， 0.0341， 0.0175， 0.0232， 0.0367， 0.0302， 0.0266， 0.0280， 0.0529， 0.0388， 0.0019， 0.0112， 0.0239， 0.0659， 0.0981， 0.0811， 0.3766， 0.0198， 0.1721， 0.1228， 0.0238， 0.0166， 0.0422， 0.0619， 0.0538， 0.1095， 0.0132， 0.1540， 0.0596， 0.0458， 0.1109)

其中，石油开采业的直接就业系数为 $J_{石油开采业直接就业系数}$ = 0.0167，石油加工业的直接就业系数为 $J_{石油加工业直接就业系数}$ = 0.0112。

采用第三章中的公式 $J_{间接} = \sum_{i=1}^{n} b_{ji} \times J_i$ 来计算石油产业的间接就业

系数：石油开采业的间接就业系数为$J_{石油开采业间接就业系数} = 0.0561$，石油加工业的间接就业系数为$J_{石油加工业间接就业系数} = 0.0787$。

所以，根据第三章中的公式（3.25），可以计算石油开采业和石油加工业每万元产出增加的就业影响人数系数。

$$J_{石油开采业} = J_{石油开采业直接就业系数} + J_{石油开采业间接就业系数}$$
$$= 0.0167 + 0.0561$$
$$= 0.0728$$

$$J_{石油加工业} = J_{石油加工业直接就业系数} + J_{石油加工业间接就业系数}$$
$$= 0.0112 + 0.0787$$
$$= 0.0899$$

上述计算结果表明：石油开采业每增加 1 万元产出可以提供 0.0728 个就业机会，其中包括 0.0167 个直接工作机会和 0.0561 个间接工作机会；石油加工业每增加 1 万元产出可以提供 0.0899 个就业机会，其中包括 0.0112 个直接工作机会和 0.0787 个间接工作机会。

（二）受石油产业影响的劳动者收入计算

采用第三章中公式（3.26）$R = \sum_{i=1}^{n} R_i = \sum_{i=1}^{n} (J_{i直接} + J_{i间接}) \times r_i$来计算受石油产业影响的就业波及总收入。其中，$R_i$是$i$部门受石油行业影响的就业波及收入，即石油行业增加 1 万元产出后i部门的就业者收入所受影响额；$J_{i直接}$和$J_{i间接}$是分别根据公式（3.23）和公式（3.24）得到的产业i的直接就业系数和间接就业系数；r_i是部门i的就业者平均年收入。表 4-4 显示了 2007 年各部门的就业者平均年收入。

表 4-4　2007 年中国各部门的就业者平均年收入

单位：元/年

部门	平均收入	部门	平均收入
石油开采业	39041	水的生产和供应业	22499
石油加工业	17837	仪器仪表及文化办公用机械制造业	28377
农业	11086	废品废料	17670

续表

部门	平均收入	部门	平均收入
金属矿采选业	22492	燃气生产和供应业	28121
非金属矿采选业	16981	建筑业	18758
煤炭开采和洗选业	27290	信息传输、计算机服务和软件业	44442
纺织业	13866	住宿和餐饮业	17041
木材加工及家具制造业	13109	邮政业	27586
食品制造及烟草加工业	16836	交通运输及仓储业	16752
非金属矿物制品业	19720	房地产业	26425
服装皮革羽绒及其他制品业	16711	旅游业	20916
金属制品业	18599	批发和零售贸易业	20888
造纸印刷及文教用品制造业	16546	综合技术服务业	36399
交通运输设备制造业	26581	金融保险业	49435
化学工业	32394	教育事业	26162
通信设备、计算机及其他电子设备制造业	26116	租赁和商务服务业	26965
金属冶炼及压延加工业	15649	文化、体育和娱乐业	30662
其他制造业	16023	科学研究事业	38879
通用、专用设备制造业	22266	其他社会服务业	22151
电力、热力的生产和供应业	36718	卫生、社会保障和社会福利事业	28258
电气、机械及器材制造业	20726	公共管理和社会组织	28171

所以，石油开采业和石油加工业每万元产出增加所带来的就业波及收入如下：

$$R_{石油开采业} = R_{直接-石油开采业} + R_{间接-石油开采业}$$
$$= 653.44 + 1208.81$$
$$= 1862.25$$

$$R_{石油加工业} = R_{直接-石油加工业} + R_{间接-石油加工业}$$
$$= 364.07 + 1874.19$$
$$= 2238.26$$

上述计算结果显示，当石油开采业产出增加 1 万元时所带来的各

行业就业波及收入总和为 1862.25 元；当石油加工业产出增加 1 万元时所带来的各行业就业波及收入总和为 2238.26 元。

以上分析的石油产业对就业的波及效应中，包括就业波及人数和就业波及收入，均由直接效应和间接效应组成，但是二者比例在石油开采业和石油加工业中有较大区别，表 4 - 5 显示了这一差别。

表 4 - 5　石油行业就业波及效应中直接效应和间接效应的比重构成分析

单位：%

比例	石油开采业	石油加工业
直接就业波及人数影响比例	22.94	12.46
间接就业波及人数影响比例	77.06	87.54
直接就业波及收入影响比例	35.09	16.27
间接就业波及收入影响比例	64.91	83.73

从表 4 - 5 中不难发现，石油开采业和石油加工业在就业波及人数和就业波及收入中的间接比例都远高于各自相应的直接比例，但是石油加工业无论是在就业波及人数还是在就业波及收入中的间接比例均明显高于石油开采业的相应间接比例。比如，尽管当石油加工业产出增加 1 万元时所带来的就业波及收入总和达到 2238.26 元，但是这其中的 83.73% 来自间接影响；而石油开采业增加 1 万元所带来的1862.25 元中来自间接影响的比例只有 64.91%，明显低于石油加工业的间接影响比例。

从表 4 - 5 中还可以发现，无论是石油开采业还是石油加工业，直接就业波及收入的影响比例均高于直接就业波及人数的影响比例，其中石油开采业的直接就业波及收入的影响比例比直接就业波及人数的影响比例高出 12.15 个百分点，相应的，石油加工业也高出近 4 个百分点。这说明石油开采业和石油加工业中劳动者的平均收入水平要高于全国平均水平，其中，石油开采业是明显高出，石油加工业是略微高出。

（三）受石油产业影响的劳动者收入的诱发波及效应计算

劳动者在获得收入后，会将一部分所增加的收入用于消费，从而使得社会的最终需求增加。社会的最终需求的增加又反过来刺激国民经济各部门进一步扩大生产，从而导致收入的进一步增加。这一系列由于消费的作用而产生的波及效应之和称为诱发波及效应。

劳动者在获得收入后究竟有多少用于消费？这涉及"消费倾向"的问题。"消费倾向"最早由凯恩斯提出，指的是收入和消费之间的函数关系。凯恩斯认为，消费倾向是一个相对稳定的函数。凯恩斯进一步把消费倾向分为平均消费倾向和边际消费倾向。平均消费倾向是总消费量与总收入量之比，边际消费倾向是消费增量与收入增量之比。由于本书分析的是石油产业每万元产出增加带来的波及效应，所以本书将采用边际消费倾向（MPC）的概念，即每变动 1 单位的收入中用于消费的变动额。因此，劳动者在受石油产业产出变动而获得额外收入后的诱发波及效应系数 $e_{诱发-产出}$ 可以计算如下：

$$e_{诱发-产出} = \frac{1}{1-MPC} \times R \div 10000 \tag{4.3}$$

其中，R 就是前文中提到的受每万元石油产业产出增加而波及影响的劳动者就业收入。

国家统计局在《中国统计年鉴》的"人民生活基本情况"表中分城镇和农村居民公布了人均收入和支出情况。因此，本书将在城镇和农村居民的边际消费倾向的基础上，按照城镇和农村居民人口比例来加权计算全国的边际消费倾向，边际消费倾向的计算公式如下：

$$MPC = MPC_{城镇} \times P_{城镇} + MPC_{农村} \times P_{农村} \tag{4.4}$$

其中，$MPC_{城镇}$ 和 $MPC_{农村}$ 分别表示城镇和农村的居民边际消费倾向，$P_{城镇}$ 和 $P_{农村}$ 分别表示城镇和农村的居民人口比例。

为了统计居民每增加一单位可支配收入中有多少用于增加消费支出，可以利用扩展的线性支出系统（ELES）模型：$C_t = \beta_0 + \beta_1 Y_t + \varepsilon_t$ 来回归估计。其中，C 为居民人均消费支出，Y 为居民人均可支配收入。《基于扩大内需的我国居民消费需求分析》一文已经采用该方法详细计算了我国历年城镇和农村居民边际消费倾向，其中，2007 年我

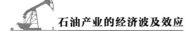

国城镇和农村居民边际消费倾向分别是 0.69 和 0.75 （李睿，2010）。同时，根据国家统计局的相关数据计算得出 2007 年我国城镇和农村居民的人口比例分别为 38.12% 和 61.88%。所以，2007 年我国的居民边际消费倾向（MPC）可以得到如下：

$$MPC = MPC_{城镇} \times P_{城镇} + MPC_{农村} \times P_{农村} = 0.69 \times 38.12\% + 0.75 \times 61.88\% = 0.727$$

所以，石油开采业对产出的诱发波及效应系数可以计算得到如下：

$$e_{诱发石油产业-产出} = \frac{1}{1-MPC} \times R_{石油开采业} \div 10000 = \frac{1}{1-0.727} \times 1862.25 \div 10000 = 0.6821$$

石油开采业对 GDP 的诱发波及效应系数可以计算得到如下：

$$e_{诱发石油产业-GDP} = \frac{1}{1-MPC} \times R_{石油开采业} \div 10000 \times Z_{2007} = 0.6821 \times 0.3249 = 0.2216$$

同理，石油加工业每单位产出增加对产出和 GDP 的诱发波及效应系数可以分别计算得到如下：

$$e_{诱发石油加工业-产业} = \frac{1}{1-0.727} \times 2238.26 \div 10000 = 0.8199$$

$$e_{诱发石油加工业-GDP} = \frac{1}{1-0.727} \times 2238.26 \div 10000 \times 0.3249 = 0.2664$$

第四节　石油产业成本影响和潜在波及效应的计算分析

一　石油产业成本影响波及效应计算

采用第三章中的公式（3.28）计算石油产业成本影响波及效应。与前文的分析相一致，将石油产业仍然划分为石油开采业和石油加工业，采用 2007 年投入产出表中的相关统计数据进行分析（在 42 部门投入产出表中，石油开采业为第 3 个部门，石油加工业为第 11 个部门）。在石油开采业产品价格增长 10% 的情况下，计算得出 $\Delta P_{开采业}$ 如下：

$\Delta P_{开采业} = (0.00291, 0.00476, 0.10000, 0.01010, 0.00895, 0.00353, 0.00549,$
$\qquad 0.00499, 0.00529, 0.00565, 0.06151, 0.01407, 0.00813, 0.00956, 0.00738,$
$\qquad 0.00659, 0.00617, 0.00724, 0.00557, 0.00595, 0.00584, 0.00088, 0.00837,$
$\qquad 0.05523, 0.00462, 0.00763, 0.01416, 0.00546, 0.00235, 0.00303, 0.00332,$
$\qquad 0.00176, 0.00145, 0.00584, 0.00458, 0.00395, 0.00484, 0.00482, 0.00333,$
$\qquad 0.00700, 0.00379, 0.00382)^T$

在石油加工业产品价格增长 10% 的情况下，计算得出 $\Delta P_{加工业}$ 如下：

$\Delta P_{加工业} = (0.00376, 0.00646, 0.00739, 0.01250, 0.01038, 0.00445, 0.00650,$
$\qquad 0.00611, 0.00670, 0.00691, 0.10000, 0.01541, 0.01003, 0.01303, 0.00968,$
$\qquad 0.00873, 0.00793, 0.00937, 0.00695, 0.00742, 0.00736, 0.00111, 0.00995,$
$\qquad 0.00816, 0.00544, 0.01043, 0.02199, 0.00812, 0.00308, 0.00431, 0.00391,$
$\qquad 0.00249, 0.00206, 0.00810, 0.00584, 0.00556, 0.00656, 0.00636, 0.00453,$
$\qquad 0.00813, 0.00488, 0.00540)^T$

在获得石油产业产品价格变化对各产业价格的影响矩阵后，可以根据各部门在国民经济中的产出比重对其进行加权平均，这样就可以得到石油产业对整个国民经济产生的价格影响，各产业的产出比重矩阵 Q 的计算结果如下：

$Q = (0.0597, 0.0118, 0.0116, 0.0075, 0.0047, 0.0510, 0.0308, 0.0221, 0.0134,$
$\qquad 0.0182, 0.0257, 0.0757, 0.0278, 0.0746, 0.0216, 0.0482, 0.0403, 0.0332,$
$\qquad 0.0503, 0.0060, 0.0076, 0.0053, 0.0385, 0.0014, 0.0014, 0.0766, 0.0387,$
$\qquad 0.0009, 0.0122, 0.0352, 0.0181, 0.0238, 0.0180, 0.0144, 0.0017, 0.0054,$
$\qquad 0.0026, 0.0107, 0.0160, 0.0136, 0.0043, 0.0193)$

将 ΔP 和 Q 相乘，计算得出石油产业产品价格增长 10% 对整体国民经济产生的价格影响，如下：

$$\Delta p_{开采业} = \Delta P_{开采业} \times Q = 0.93\%$$
$$\Delta p_{加工业} = \Delta P_{加工业} \times Q = 1.10\%$$

以上结果是基于 2007 年投入产出表的计算，使用同样的方法对 1987 年以来的投入产出表进行计算，表 4-6 显示了汇总结果。

表 4 - 6　石油产业产品价格增长 10% 对整体国民经济的价格影响

单位：%

年份	石油开采业	石油加工业
1987	0.38	0.45
1992	0.42	0.46
1997	0.47	0.60
2002	0.59	0.71
2007	0.93	1.10

从表 4 - 6 中可以发现，1987 年以来，无论是石油开采业还是石油加工业，其产业产品价格变化对整体国民经济产生的价格影响在逐步增大，即说明石油产业作为产品供应者，其对以石油产业产品作为中间投入的其他产业的成本影响波及效应在总体上逐步增加；同时也可以发现，石油加工业的成本影响波及效应要高于石油开采业，主要是由于石油加工业与国民经济其他产业的产业关联更加密切，所经过的中间路径要少些，本书将在第六章对相关的波及路径、波及速率等波及过程中的相关波及属性进行进一步分析。

二　石油产业潜在波及效应计算

采用第三章的公式（3.34）$e_{潜在-产出} = W_j \times Z^T (1-A)^{-1} \Delta X' = \dfrac{\sum\limits_{i=1}^{n} \bar{B}_{ij}}{\sum\limits_{i=1}^{n}\sum\limits_{j=1}^{n} \bar{B}_{ij}} \times$

$Z^T (1-A)^{-1} \Delta X'$ 计算石油产业潜在波及效应。其中，W_j 是产业 j 的完全需求系数在全体产业完全需求系数中的比重，即完全需求系数矩阵第 j 列元素的列和占整个矩阵所有元素总和的比重；B_{ij} 为完全需求系数矩阵中的相关数值；$\Delta X'$ 是由产业 j 前向波及导致的各部门产出的增加值矩阵。

同样将石油产业仍然划分为石油开采业和石油加工业，采用 2007 年投入产出表中的相关统计数据进行分析。根据前面的计算公式，石油开采业增加单位产值引发的各部门产出增加值矩阵 $\Delta X'_{石油开采业}$ 如下：

$$\Delta X'_{石油开采业} = (3.2519, 0.6415, 0, 0.4090, 0.2562, 2.7795, 1.6759, 1.2020, 0.7312,$$
$$0.9932, 1.4017, 4.1235, 1.5167, 4.0635, 1.1776, 2.6263, 2.1934,$$
$$1.8061, 2.7396, 0.3246, 0.4113, 0.2904, 2.0942, 0.0737, 0.0784, 0,$$
$$2.1084, 0, 0, 0.9854, 0, 0, 0.7838, 0.0917, 0.2925, 0.1435, 0.5823, 0,$$
$$0.7398, 0.2355, 1.0520)^T$$

石油开采业的完全需求系数在全体产业完全需求系数中的比重 $W_{石油开采业}$ 可以计算如下：

$$W_{石油开采业} = \frac{\sum_{i=1}^{n} \bar{B}_{ij}}{\sum_{i=1}^{n} \sum_{j=1}^{n} \bar{B}_{ij}} = 1.866\%$$

再根据前面计算得出的 Z^T 和 B，就可以得到石油开采业的潜在波及效应如下：

$$E_{石油开采业潜在} = W_{石油开采业} \times Z^T(1-A)^{-1}\Delta X'_{石油开采业} = 0.8186$$

同样，可以计算石油加工业在 2007 年的潜在波及效应如下：

$$E_{石油加工业潜在} = W_{石油加工业} \times Z^T(1-A)^{-1}\Delta X'_{石油加工业} = 0.9594$$

使用同样的方法，采用 1987 年、1992 年、1997 年和 2002 年投入产出表对石油开采业和石油加工业的潜在波及效应进行计算，计算结果的汇总情况见表 4-7。

表 4-7　石油产业潜在波及效应变化

年份	石油开采业	石油加工业
1987	1.7164	1.8923
1992	1.9533	2.3193
1997	1.3112	1.5228
2002	0.9629	1.3021
2007	0.8186	0.9594

从表4-7中可以看出，石油加工业的潜在波及效应在每个时期均高于石油开采业的潜在波及效应；无论是石油开采业还是石油加工业，其潜在波及效应都在1992年达到最高值，然后逐步下降；2007年石油开采业和石油加工业的潜在波及效应分别为0.8186和0.9594，较1992年的最高值分别下降58.1%和58.6%。

下面对石油产业潜在波及效应进行进一步分解，将其分为"未加权潜在波及效应"和"权重"，其中"未加权潜在波及效应"即为本书第三章提及的"因石油产业产出增加引发其与其他产业共同协作而对国民经济带来的总潜在波及效应"，"权重"是石油产业在总潜在波及效应中的比重，用石油产业的完全需求系数与全体产业完全需求系数的比值来进行计算。表4-8显示了石油产业潜在波及效应的进一步分解结果。

表4-8　石油产业潜在波及效应的结果分解

年份	石油开采业		石油加工业	
	未加权潜在波及效应	权重（%）	未加权潜在波及效应	权重（%）
1987	80.97	2.12	72.60	2.61
1992	85.36	2.29	80.68	2.87
1997	79.04	1.66	61.35	2.48
2002	58.46	1.65	52.35	2.49
2007	43.88	1.87	38.68	2.48

从表4-8中可以看出，石油加工业的未加权潜在波及效应在每个时期均低于石油开采业的未加权潜在波及效应，这与潜在波及效应正好相反；无论是石油开采业还是石油加工业，其未加权潜在波及效应都在1992年达到最高值，然后逐步下降，这与潜在波及效应的变化规律相同；2007年石油开采业和石油加工业的未加权潜在波及效应分别为43.88和38.68，较1992年的最高值分别下降48.6%和52.1%；尽管石油加工业的未加权潜在波及效应在每个时期均低于石油开采业的未加权潜在波及效应，但是石油加工业在其中的权重要明显高于石油开采业，

从而使得考虑权重后的石油加工业潜在波及效应要高于石油开采业。

石油产业在国民经济中的战略地位日趋重要，石油产业对国民经济的总影响也在增加。但是，以上分析说明石油产业作为产品供应者，其每单位产出增加对国民经济的潜在波及效应自 1992 年以来下降明显，即石油产业作为传统采掘业，其对国民经济的"推动"效率在下降；同时，石油加工业的潜在波及效应即"推动"效率要高于石油开采业，主要由于石油加工业的潜在产出权重系数要高于石油开采业。

第五节　石油产业波及效应的进一步分析

本书在第三章已经指出石油产业的直接波及效应、间接波及效应、诱发波及效应以及成本影响波及效应、潜在波及效应是在不同角度下的波及效应分类，只能在不同角度下单独分析，而不能将其混合相加；但是可以将直接波及效应、间接波及效应、诱发波及效应相加作为石油产业对国民经济贡献的波及效应。本书接下来将侧重讨论这一类波及效应，着重对直接波及效应、间接波及效应和诱发波及效应在两种求解思路下的结果差异进行进一步的深入分析。

一　石油产业波及效应两种思路求解结果的比较分析

为了更好地分析不同求解思路得到的石油产业波及效应异同，现将前面第二节和第三节中两种求解石油产业波及效应思路的分析结论进行汇总，如表 4 - 9 所示。

表 4 - 9　两种求解思路的石油产业波及效应结果对比

波及效应系数	基于过程的求解思路		基于结果的求解思路	
	石油开采业	石油加工业	石油开采业	石油加工业
总波及效应（产出）	2.2993	3.0571	1.9180	3.2747
直接波及效应（产出）	1.0000	1.0000	1.0000	1.0000

续表

波及效应系数	基于过程的求解思路		基于结果的求解思路	
	石油开采业	石油加工业	石油开采业	石油加工业
间接波及效应（产出）	0.6172	1.2372	0.4720	1.5180
诱发波及效应（产出）	0.6821	0.8199	0.4460	0.7567
总波及效应（GDP）	1.2111	0.8294	1.0872	0.9001
直接波及效应（GDP）	0.7890	0.1610	0.7890	0.1610
间接波及效应（GDP）	0.2005	0.4020	0.1533	0.4932
诱发波及效应（GDP）	0.2216	0.2664	0.1449	0.2459

从表4-9中不难发现，两种求解思路的石油产业波及效应结果尽管有所区别，但是无论是基于过程的求解思路，还是基于结果的求解思路，石油开采业和石油加工业的各种波及效应的大小关系在方向上完全一致。然而，两种研究思路的计算结果毕竟存在差异，经过分析，存在差异的原因主要有以下两点。

（一）两种求解思路的"单位产出变化"存在差别

尽管两种求解思路都是衡量石油产业单位产出变化带来的波及效应，但是其"单位产出变化"的具体含义在两种求解思路中存在差别。因为在基于结果的求解思路中，为了计算诱发波及效应，需要把消费从最终需求中独立出来，因此接下来分析单位产出变化的波及效应时，其"单位产出"已经不含消费的内容；而基于过程的求解思路中的"单位产出"则包含消费在内的所有能够导致产出变化的内容。因此，尽管在分析出发点中，对国民经济产出影响都是增加同样的一个单位，但是"单位产出"所包含的组成成分存在差异。

（二）凯恩斯"消费乘数效应"存在争论

在表4-9中，唯一存在同方向差别的是诱发波及效应系数，即无论是石油开采业还是石油加工业，基于过程求解思路的产出和GDP诱发波及效应系数均大于基于结果求解思路的相应系数。

　　基于过程求解思路的产出和 GDP 诱发波及效应系数有些偏高的原因主要在于使用了"消费乘数效应"的假设。由于消费乘数系数是凯恩斯学说中的一个理论值，在现实经济中，能否充分地起到乘数作用值得商榷，也有很多学者对此提出异议，甚至有学者认为消费就是消费，不存在所谓的乘数效应，对 GDP 也没有贡献。本书认为，消费对经济是有积极贡献的，极端地看，如果所有人在获得收入后均不消费或者极少消费，那么现有产出将出现过剩，企业也无法进一步扩大再生产，社会经济发展、总产出、GDP 将会停滞不前，这也是国家大力提倡扩大内需的原因。但是，消费是否会对 GDP 产生如此大的乘数效应，本书认为这也不正确，如果消费能对 GDP 产生如此大的乘数消费，那么快速发展GDP 将十分轻松，居民充分消费即可。因此，如果存在消费乘数效应，就是对社会总产出的乘数效应，而不是对 GDP 的乘数效应，需要乘以GDP 增值系数才能得到对 GDP 的影响，这也是本书在前面分析中所采用的方法；如果消费乘数不存在，也不应该认为对 GDP 没有影响，因为各行业劳动者受石油产业产出增加 1 单位而得到的工资收入应该是劳动者的可支配收入的重要组成部分，无论这部分收入如何消费、是否对国民经济产生乘数影响，这部分工资收入本身就是 GDP 的组成部分。

　　下面以石油开采业为例，讨论两者的差异。在消费对产出存在乘数效应的情况下，前面提到我国 2007 年的居民边际消费倾向为 0.727，消费对产出的乘数效应系数为 $\frac{1}{1-0.727}=3.663$，而石油开采业的就业波及收入系数为 0.1862，GDP 增值系数为 0.3249，所以劳动者获得收入后的消费对 GDP 的诱发波及效应为 $0.1862 \times 3.663 \times 0.3249 = 0.2216$；在劳动者获得收入后的消费不存在乘数效应，但收入本身作为 GDP 组成部分的情况下，劳动者获得收入后的消费对 GDP 的诱发波及效应等同于石油开采业的就业波及收入系数 0.1862，根据其对GDP 的波及效应可以倒推出对产出的波及效应为 $0.1862 \div 0.3249 = 0.5731$。两种情况的对比分析如表 4 - 10 所示。

表 4 – 10　消费对 GDP 的诱发波及效应分析

	产出诱发波及效应	GDP 诱发波及效应
劳动者获得收入后的消费对产出存在乘数效应	0.6821	0.2216
劳动者获得收入后的消费不存在乘数效应,但收入本身作为 GDP 的组成部分	0.5731	0.1862

从表 4 – 10 中可以看出,第一种情况下的诱发波及系数要大于其在第二种情况下的数值,但也没有高很多。这也可以从一个方面来解释为什么在表 4 – 8 中基于过程求解思路的诱发波及效应要稍微高于基于结果求解思路下的诱发波及效应。

综上所述,两种求解思路各有利弊:基于结果的研究思路方便、简洁,但是由于该思路为了求解消费的诱发波及效应,而把居民消费从最终需求中独立出来,从而使得"单位产出变化"的组成成分发生改变;基于过程的研究思路计算相对复杂,同时也能提供大量的中间计算结果信息,有利于进行深入讨论,但是该方法在计算间接波及效应时用到"完全消耗系数"这个理论数值,在计算诱发波及效应时用到了存在一定争议的"消费乘数效应"。

为了较好地获取石油产业对国民经济的波及效应,本书综合考虑两种求解思路,即将两种思路计算得到的结果加权平均。表 4 – 11 显示了综合两种求解思路后的石油产业波及效应。

从表 4 – 11 中可以看出,石油加工业要比石油开采业对产出的波及效应系数高出 50.1%,其中对产出的直接波及效应系数相同,但在间接和诱发波及效应系数方面,前者比后者分别高出 153.0% 和 39.7%,由于间接和诱发波及效应均反映了石油产业与其他产业之间的关联程度。所以也间接地量化说明了石油加工业比石油开采业有着更为密切的产业关联程度。在对 GDP 的波及效应系数方面,情况相对复杂些:就总体波及效应而言,石油加工业对 GDP 的波及效应系数要比石油开采业低 24.7%;就分项波及效应而言,石油加工业对

GDP 的直接波及效应系数要比石油开采业低 79.6%，这说明石油加工业的盈利能力、对 GDP 的直接创造能力要远低于石油开采业，但是，石油加工业在对 GDP 的间接和诱发波及效应系数方面仍明显高于石油开采业。

表 4 – 11　综合两种求解思路后的石油产业波及效应系数

波及效应系数	石油开采业	石油加工业	波及效应系数	石油开采业	石油加工业
产出	2.1087	3.1659	GDP	1.1492	0.8648
直接产出	1.0000	1.0000	直接 GDP	0.7890	0.1610
间接产出	0.5446	1.3776	间接 GDP	0.1769	0.4476
诱发产出	0.5641	0.7883	诱发 GDP	0.1833	0.2562

从表 4 – 11 中可以分析得出，石油开采业更侧重于对 GDP 的波及影响，而石油加工业与其他产业的产业关联度高，更侧重于对国民产出的波及影响。

二　石油产业波及效应的变化分析

除了 2007 年的投入产出表，国家统计局在此之前还先后公布了 1987 年、1992 年、1997 年、2002 年和 2007 年的投入产出表。使用上面同样的方法分别计算历史年份石油开采业和石油加工业对产出和 GDP 的波及效应系数。表 4 – 12 显示了历年来石油开采业对国民经济产出和 GDP 波及效应系数变化的计算结果。

表 4 – 12　石油开采业对国民经济产出和 GDP 的波及效应系数变化

波及效应系数	1987 年	1992 年	1997 年	2002 年	2007 年
产出	2.4940	2.6527	2.3326	1.9935	2.1087
直接产出	1.0000	1.0000	1.0000	1.0000	1.0000
间接产出	0.9163	0.9266	0.5969	0.3920	0.5446
诱发产出	0.5777	0.7261	0.7358	0.6015	0.5641

续表

波及效应系数	1987 年	1992 年	1997 年	2002 年	2007 年
GDP	1.4239	1.2651	1.2430	1.0975	1.1492
直接 GDP	0.7589	0.6219	0.7382	0.7112	0.7890
间接 GDP	0.4078	0.3605	0.2261	0.1524	0.1769
诱发 GDP	0.2572	0.2826	0.2788	0.2339	0.1833

从表 4-12 中可以看出，总体而言，石油开采业的波及效应系数在下降，比如 2007 年石油开采业对产出的波及效应系数较 1992 年的最高值下降了 20.5%，对 GDP 的波及效应系数较 1987 年的最高值下降了 19.3%。不过最近几年石油开采业的波及效应系数有所企稳，比如 2007 年石油开采业对产出的波及效应系数较 2002 年增加 5.8%，对 GDP 的波及效应系数较 2002 年增加 4.7%。就分项波及效应系数而言，近年来石油开采业对产出、GDP 的间接和诱发影响系数在总体上存在下降的现象，但是石油开采业对 GDP 的直接波及效应系数有所上升。

表 4-13 显示了历年来石油加工业对国民经济产出和 GDP 波及效应系数变化的计算结果。

表 4-13 石油加工业对国民经济产出和 GDP 的波及效应系数变化

波及效应系数	1987 年	1992 年	1997 年	2002 年	2007 年
产出	1.8300	2.3431	3.1137	2.9990	3.1659
直接产出	1.0000	1.0000	1.0000	1.0000	1.0000
间接产出	0.4102	0.6460	1.1979	1.1917	1.3776
诱发产出	0.4198	0.6971	0.9158	0.8074	0.7883
GDP	0.7722	0.7946	1.0214	0.9492	0.8648
直接 GDP	0.4027	0.2718	0.2206	0.1720	0.1610
间接 GDP	0.1826	0.2514	0.4538	0.4633	0.4476
诱发 GDP	0.1869	0.2713	0.3470	0.3139	0.2562

从表 4-13 中可以看出，总体而言，石油加工业对产出的波及效应系数在上升，比如 2007 年石油加工业对产出的波及效应系数较 1987 年的最低值上升了 73.0%，对 GDP 的波及效应系数较 1987 年的最低值上升了 12.0%，但是自 1997 年以来，其存在下降现象，对 GDP 的波及效应系数较 1997 年的最高值已经下降了 15.3%；就分项波及效应系数而言，近年来，石油加工业对产出的间接波及效应系数上升明显，比如 2007 年石油加工业对产出的间接波及效应系数较 1987 年的最低值上升了 235.8%，石油加工业对产出和 GDP 的诱发波及效应系数自 1997 年来都在逐渐下降，石油加工业对 GDP 的直接波及效应系数自 1987 年来存在明显的下降现象。

综上所述，石油开采业对产出和 GDP 的总体波及效应系数在连续多年下降的基础上，目前处于相对稳定状态，石油开采业对 GDP 的直接波及效应系数处于波动上升阶段；石油加工业对产出的总体波及效应系数仍处于稳定上升阶段，但是对 GDP 的直接波及效应系数下降明显。

无论石油开采业还是石油加工业，自 1997 年以来，其对产出和 GDP 的诱发波及效应系数都在下降。诱发波及效应系数主要受石油产业每单位产出的劳动者就业波及系数、劳动者工资收入和居民的边际消费倾向影响。事实上，尽管石油产业的总就业波及人数增加很快，但是整体劳动效率的提高使得每万元石油产业产出的总就业波及系数下降非常明显，这符合社会发展规律。

表 4-14 和表 4-15 分别显示了 1997 年以来石油开采业和石油加工业的就业波及人数和就业波及系数的变化情况。

表 4-14　石油开采业的就业波及人数及就业波及系数变化

就业波及类别	1997 年	2002 年	2007 年
直接就业波及人数(万人)	175.49	112.92	159.59
间接就业波及人数(万人)	211.89	246.09	535.20
总就业波及人数(万人)	387.38	359.01	694.79

续表

就业波及类别	1997 年	2002 年	2007 年
直接就业波及系数(人/万元)	0.1076	0.0346	0.0167
间接就业波及系数(人/万元)	0.1299	0.0754	0.0561
总就业波及系数(人/万元)	0.2375	0.1100	0.0729

表 4 - 15　石油加工业的就业波及人数及就业波及系数变化

就业波及类别	1997 年	2002 年	2007 年
直接就业波及人数(万人)	202.64	175.14	236.85
间接就业波及人数(万人)	812.39	810.85	1657.71
总就业波及人数(万人)	1015.03	985.99	1894.56
直接就业波及系数(人/万元)	0.0654	0.0288	0.0112
间接就业波及系数(人/万元)	0.2622	0.1333	0.0787
总就业波及系数(人/万元)	0.3276	0.1620	0.0899

　　从表 4 - 14 和表 4 - 15 中可以发现,尽管石油开采业的总就业波及人数从 1997 年的 387.38 万人上升到 2007 年的 694.79 万人,石油加工业的总体就业波及人数从 1997 年的 1015.03 万人上升到 2007 年的 1894.56 万人;但是 2007 年石油开采业和石油加工业的总就业波及系数分别在 1997 年的基础上下降了 69.3% 和 72.6%。

　　尽管石油产业的就业波及系数下降明显,但是劳动者的工资收入在这一期间上升明显,全国劳动者的平均年收入从 1997 年的 6470 元上升到 2007 年的 24932 元。因此,石油产业单位产出的就业波及收入没有发生明显变化,石油开采业和石油加工业单位产出的就业波及收入分别从 1997 年的 1809 元和 2405 元变为 2007 年的 1862 元和 2238 元。

　　这也说明石油产业自 1997 年以来诱发波及效应明显下降的主要原因在于居民的边际消费倾向在这一期间有所下降,从而使得消费的乘数效应和诱发波及效应系数相应降低。居民消费倾向的下降也可以通过最终消费率来反映,所谓最终消费率是指一定时期内最终消费支出占国内生产总值的比例。近年来,我国最终消费率下降明显,从 2002

年的 59.6% 下降到 2011 年的 49.1%。居民消费倾向和最终消费率下降的原因很多，并不仅仅因为我国居民具有相对保守的消费习惯，其主要原因是居民收入不够、社会保障体系不够完善，需要从提高居民实际收入、合理分配收入着手，建立覆盖城乡的社会保障体系。只有这样，才能使得居民有钱可花、有钱敢花，进而推动居民消费以及经济的健康循环发展。

第六节　本章小结

本章采用第三章中基于静态投入产出模型的波及效应定量计算模型对石油开采业和石油加工业单位产出变化的直接波及效应、间接波及效应、诱发波及效应进行了计算分析，并对两种求解思路的计算结果差异进行了分析，同时计算了历史年份的波及效应，对其变化进行分析，尤其是对诱发波及效应的变化进行了详细讨论；同时也对石油开采业和石油加工业作为产品供应者的成本影响和潜在波及效应进行了计算分析，并且和其他历史年份的计算结果进行对比分析。本章的石油产业波及效应计算结果和相应分析有利于更好地认识石油产业对国民经济的波及影响及其在国民经济中的地位，特别是基于过程求解思路计算结果中的很多中间计算信息比如石油产业对就业人数、劳动者收入等的波及影响，可以为相关产业规划、政策制定等提供参考。

第五章

石油产业波及效应的仿真模拟

第四章的研究分析主要从静态的投入产出模型展开，侧重从横向角度来研究分析某一特定年份石油产业对其他产业的波及效应。本章将主要从纵向角度出发，并结合第四章横向角度的研究基础，采用系统动态投入产出模型来模拟分析石油产业波及效应的动态变化。

第一节　系统动态投入产出模型的构建

一　系统动态投入产出模型的机理

石油产业的波及效应是一个动态的变化过程。一方面是因为石油产业生产本身就是一个动态的过程；另一方面是因为石油产业是国民经济大系统中的一个子系统，国民经济的结构调整、经济发展方式的转变必然会影响石油产业对国民经济其他产业的波及效应。

基于上述原因，本书构建了系统动态投入产出模型，该模型综合了动态投入产出模型和系统动力学模型的优点来有针对性地反映石油产业波及效应的动态变化过程：动态投入产出分析模型克服了静态模型只反映某一时段情况的不足，相对确切地反映社会产品扩大再生产过程的实际情况；系统动力学模型有着"结构决定功能"的特点，即采用反馈机制来描述各种经济活动之间的相互联系。本书研究石油产业波及效应也需要在系统论的角度下进行，即将石油产业视为整个国民经济系统中的一个子系统，在此基础上研究石油产业对国民经济其他产业波及效应的动态变化，这有利于相关宏观调控政策的研究分析。

综上，系统动态投入产出模型可以较好地描绘经济系统的运行情况，揭示各产业经济发展变化之间的内在联系。就研究石油产业的波及效应而言，可以不局限于从在某一年份的静态角度来研究石油产业与其他产业间的关联影响，而是可以更好地从系统论和时间序列的角度来研究石油产业对国民经济各部门波及效应在一定时期内的发展轨迹以及相关的政策模拟。

二 系统动态投入产出模型中的涉及部门确定

经过多次尝试调整，本书大致按照国家统计局的三次产业划分原则，并结合本书研究实际，将国民经济分为农业、石油工业、非石油采掘业、非石油制造业、公用事业、建筑业、交通运输业、其他第三产业8大部门。其中，非石油采掘业是指不包括石油开采业的采掘业，非石油制造业是指不包括石油加工业的制造业。

尽管上述部门的划分相对较粗，但这样划分具有两大优点。第一，模型构建的复杂程度相对要低；第二，也是最主要的优点，是为了把握石油产业对国民经济波及效应的主要规律，因为如果部门划分较细，往往会使波及效应分散于各部门的细节之中，难以把握未来的主要变化规律。

上述8大部门分属于国民经济的三次产业。其中，第一产业包括农业；第二产业包括石油工业、非石油采掘业、非石油制造业、公用事业、建筑业；第三产业包括交通运输业、其他第三产业。根据国家统计局公布的投入产出表的部门分类目录，以上8大部门所包含的具

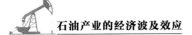

体部门如下。

"农业"主要包括种植业、林业、牧业和渔业；

"石油工业"主要包括石油和天然气开采业，石油加工、炼焦及核燃料加工业；

"非石油采掘业"是剔除了石油开采业的采掘业，主要包括煤炭开采和洗选业、金属矿采选业、非金属矿及其他矿采选业；

"非石油制造业"是剔除了石油加工业的制造业，主要包括化学工业、纺织业、食品制造及烟草加工业、金属制品业等；

"公用事业"主要包括电力、热力的生产和供应业，燃气生产和供应业，水的生产和供应业；

"建筑业"与投入产出表中建筑业一致；

"交通运输业"是指投入产出表中的交通运输及仓储业、邮政业；

"其他第三产业"是指除了交通运输业之外的第三产业，主要包括信息传输、计算机服务和软件业，批发和零售业，住宿和餐饮业，金融业等。

三 系统动态投入产出模型的模块划分

参照动态投入产出模型的原理，本书将投资需求和生产能力联系起来，弥补了静态投入产出模型将投资作为外生决定的最终需求即已知定值的缺陷。由于传统动态投入产出模型中没有对投资类别进行区分，本书将石油产业投资中的生产性投资和折旧、设备更新等非生产性投资区分开来，这样能够更加实际地反映工业部门的扩大再生产过程。

在此基础上，为了更好地建立和调试系统动态投入产出模型，本书将该模型划分为四个子模块：石油产业投资子模块、石油产业中间产出子模块、石油产业最终消费及净进口子模块、石油产业产出变化波及效应子模块。

石油产业投资子模块主要描述了石油产业如何根据自身总产出变化来进行投资安排，并又进一步影响石油产出的过程。该模块将投资细分为生产性投资、弥补性投资。

石油产业中间产出子模块主要描述了石油产业的产出被国民经济其他部门用作中间投入的过程，该模块主要采用静态投入产出模型中的基本公式，并运用本书首次提出的"石油消费价值法"来更新与石油相关的直接消耗系数（方法的具体阐述见下文的模型主要参数确定部分）。

石油产业最终消费及净进口子模块主要描述了石油产业总产出中的最终消费、净进口的影响因素、动态变化过程以及对石油产业总产出的影响。

石油产业产出变化波及效应子模块主要描述了石油产业总产出的变化如何波及影响其他产业以及整个国民经济，该子模块模拟了石油产业总产出变化的直接和间接波及效应，石油产业对整个国民经济的波及率以及进口石油对国民经济的波及率等。

四　系统动态投入产出模型的主要变量解释

本书构建的系统动态投入产出模型中的变量较多，下面按照四个模块对主要变量进行必要解释。

（一）石油产业投资子模块

石油产业总投资：石油产业总产出中最终产品的重要组成部分之一。本书将其进一步划分为石油产业生产性投资和弥补性投资。

石油产业生产性投资：与石油产业产出直接相关的投资，包括新建、扩建、技术改造等。

石油产业弥补性投资：对退出生产使用周期的生产性投资的一种弥补，是间接的生产投资，主要表现形式是折旧。

投资弥补率：石油产业每一单位生产性投资所需要的弥补性投资。

综合生产投资系数：石油产业每单位总产出增加所综合需要的生产性投资。

（二）石油产业中间产出子模块

石油产业中间产出子模块涉及不同产业的很多类似变量，下面以

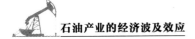

交通运输业为例来解释说明主要变量。

交通运输业总产出：交通运输业在一定时期内生产的已出售或可供出售的工业产品总量的货币表现，它反映了一定时间内交通运输业生产的总规模和总水平。

交通运输业产出增长率：交通运输业总产出在一定时期内的产出变化率。

交通运输业增加值增长率：交通运输业在报告期内以货币表现的工业生产活动最终成果的增长率。

交通运输业对石油的中间消耗：石油产业中间产出中被交通运输业消耗的那部分。

交通运输业的产业结构：交通运输业增加值占国内生产总值的比例。

交通运输业的增值系数：在交通运输业总产出中，衡量行业新创造价值的增加值比例。

交通运输业对石油的直接消耗系数：交通运输业在生产经营过程中单位总产出直接消耗石油产业的货物价值量。

交通运输业石油消费强度变化：每单位交通运输业产出对石油的消费量变化。

石油工业出厂价格指数变化：每年国家统计局公布的石油工业出厂价格指数衡量了石油企业产品出厂价格的变动趋势和变动程度，是反映某一时期石油产品生产领域价格变动情况的重要经济指标。

（三）石油产业最终消费及净进口子模块

石油消费强度：单位国内生产总值所消费的石油量。

石油最终消费：根据石油消费强度计算得出的各个产业最终石油消费总和。

石油最终消费值：根据石油最终消费和石油工业出厂价格指数，并结合《中国统计年鉴》和投入产出表统计口径差异，得出的石油最终消费的货币表现量。

原油对外依存度：净进口石油占原油总消费的比例，衡量了原油对外的依赖程度。

石油产出净进口值：石油最终消费值中属于净进口的部分。

（四）　石油产业产出变化波及效应子模块

石油产业产出变化波及效应子模块涉及不同产业的很多类似变量，下面仍以交通运输业为例来解释说明主要变量。

石油产业对交通运输业的间接波及效应系数：单位石油产业产出增加对交通运输业产生的间接波及效应。

石油产业对交通运输业的诱发波及效应系数：单位石油产业产出增加对交通运输业产生的诱发波及效应。

石油产业对交通运输业的潜在波及效应系数：单位石油产业产出增加对交通运输业产生的潜在波及效应。

间接波及效应系数：各行业的间接波及效应系数之和。

诱发波及效应系数：各行业的诱发波及效应系数之和。

潜在波及效应系数：各行业的潜在波及效应系数之和。

直接波及效应：石油产业产出所产生的直接波及效应。

间接波及效应：各行业的间接波及效应之和。

诱发波及效应：各行业的诱发波及效应之和。

潜在波及效应：各行业的潜在波及效应之和。

总波及效应：石油产业产出所产生的所有波及效应之和，包括直接波及效应、间接波及效应和诱发波及效应之和。

石油加工业波及效应：石油产业总波及效应中属于石油加工业的部分。

石油产业对国民经济的波及率：石油产业总波及效应占国内生产总值的比重。

受进口原油影响的总波及效应：净进口原油在中国所产生的总波及效应。

国民经济因石油受到的外在影响率：受进口原油影响的总波及效应占国内生产总值的比例。

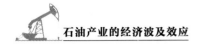

五 系统动态投入产出模型的因果关系图建立

下面按照四个模块的顺序将系统动态投入产出模型的因果关系图进行逐个分解。由于模块间相互联系，因此分解后的因果关系图存在一些变量的必要重复。

（一）石油产业投资子模块

石油产业投资子模块构建的基本原理来自动态投入产出模型，即投资是总产出的一部分并根据总产出的变化进行调整。为了更好地达到研究目的并尽可能符合石油工业实际，本书对传统的动态投入产出模型进行了一些改进。

1. 将投资进行细分

传统动态投入产出模型中将投资作为一个整体，没有细分，这与工业尤其是石油产业等高投资行业的实际情况不相符合。本书将投资分为生产性投资和弥补性投资，因为石油行业每年的大量投资中，其中一部分投资与生产直接相关，比如直接用于扩大原有产品的生产能力、进行技术改造或更新（采用新技术、新工艺、新设备、新材料等来促进产品升级换代，降低消耗和成本等）。另外，还有一类投资即弥补性投资属于间接的生产投资。顾名思义，弥补性投资是对生产性投资的一种弥补，因为投资所形成的固定资产等主要投资成果有一定的生命周期，到达一定期限后将退出生产而被新的生产资料所代替，故弥补性投资主要是对结束生命周期的生产资料的一种更新补偿，并没有直接增加社会的生产能力。随着资产总额的不断扩大，弥补性投资将越来越大，因此有必要将生产性投资和弥补性投资区分开来。

2. 综合生产投资系数的重新确定

投资系数是动态投入产出模型中的一个重要概念，它代表产出的边际增长与生产性投资额的边际增长的比率。

在连续型动态投入产出模型中，投资系数的表达公式如下：

$$b_{ij}(t) = \frac{dF_{ij}(t)}{dx_j(t)} \tag{5.1}$$

在离散型动态投入产出模型中，投资系数的表达公式如下：

$$b_{ij}(t) = \frac{\Delta F_{ij}(t)}{\Delta x_j(t)} \tag{5.2}$$

其中，$b_{ij}(t)$ 为第 t 年的投资系数，表示第 j 部门增加单位产出需要第 i 部门提供的产品投资额；$F_{ij}(t)$ 表示部门在第 t 年所需要 i 部门提供的产品投资额；$x_j(t)$ 表示 j 部门在第 t 年的总产出。

尽管上述公式对投资系数的定义很清楚，但是在实际操作过程中仍具有很大困难，因为很难知道 j 部门在第 t 年所需要 i 部门提供的产品投资额，即很难知道投资的部门来源分布。目前，学者们主要利用直接消耗系数来解决这个矛盾（赵新良等，1988），如下：

$$b_{ij} = \frac{\Delta s_i a_{ij}}{\Delta x_j} \tag{5.3}$$

其中，x_j 表示 j 部门的总产出，a_{ij} 为直接消耗系数，s_i 表示 i 部门的投资额。

尽管这是一个解决办法，但实际上投资和中间消耗中的直接消耗系数不是一类概念，是否合理准确值得商榷。由于本书的研究目的不需要也没有必要知道石油产业投资的部门来源分布，因此，本书选择了不需要确定投资的具体部门来源分布的"综合生产投资系数"，思路如下。

石油产业总产出与生产投资有着密切的关系，但具体到每一个特定年份时，石油产业总产出与生产投资之间关系波动较大。不同年份的经济环境特别是国家的宏观投资导向政策存在一定差异，但是石油产业的累计总产出与累计生产投资之间的关系相对稳定，能够基本反映石油产业综合投资系数的总体特征，具体计算公式如下：

$$b = \frac{\Sigma f_t}{\Sigma \Delta x_t} \tag{5.4}$$

其中，b 是石油产业的综合生产投资系数，f_t 表示石油产业在第 t 年所需要的生产性投资，x_t 表示石油产业在第 t 年的产出变化值。

本书根据研究目的对传统的动态投入产出模型进行了一些修改，建立了石油产业投资子模块的因果关系图，如图5-1所示。

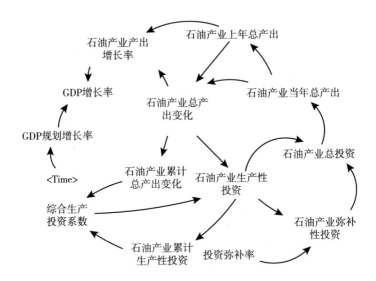

图5-1　石油产业投资子模块因果关系图

（二）石油产业中间产出子模块

石油产业中间产出子模块主要描述了石油产业的产出被国民经济其他部门用作中间投入的过程，该模块主要采用了静态投入产出模型中的基本公式，并运用本书首次提出的"石油消费价值法"来更新与石油相关的直接消耗系数（方法的具体阐述见下文的模型主要参数确定部分）。

由于石油产业中间产出子模块涉及农业、非石油采掘业、非石油制造业、公用事业、建筑业、交通运输业等众多部门，因此石油产业中间产出子模块的因果关系图比较庞大。下面以农业为例说明石油产业中间产出子模块的因果关系图，如图5-2所示。

（三）石油产业最终消费及净进口子模块

石油产业最终消费及净进口子模块主要描述了石油产业总产出中的最终消费、净进口的影响因素、动态变化过程以及对石油产业总产出的影响。石油产业最终消费及净进口子模块的因果关系图，如图5-3所示。

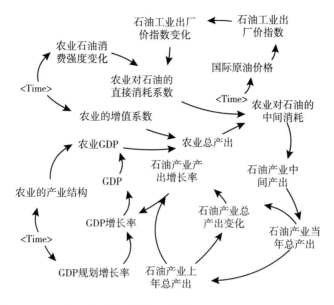

图 5 - 2　石油产业中间产出子模块因果关系图 - 以农业为例

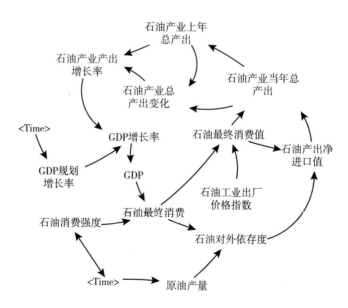

图 5 - 3　石油产业最终消费及净进口子模块因果关系图

（四）石油产业产出变化波及效应子模块

石油产业产出变化波及效应子模块主要描述了石油产业总产出的变化如何波及影响其他产业以及整个国民经济，该子模块模拟了石油产业总产出变化的直接和间接波及效应，石油产业对整个国民经济的波及率以及进口石油对国民经济的波及率等。

由于石油产业产出变化波及效应子模块同石油产业中间产出子模块一样，涉及农业、非石油采掘业、非石油制造业、公用事业、建筑业、交通运输业等众多部门，为了简化因果关系图，下面以农业为例说明石油产业产出变化波及效应子模块的因果关系图，如图5-4所示。

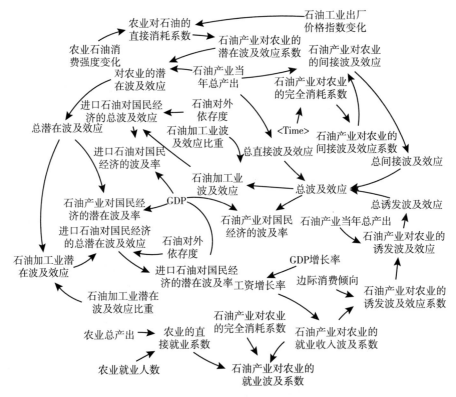

图5-4　石油产业产出变化波及效应子模块因果关系图-以农业为例

图5-5显示了整个系统动态投入产出模型的因果关系图，其中中间产出和波及效应子模块仅以农业为例。

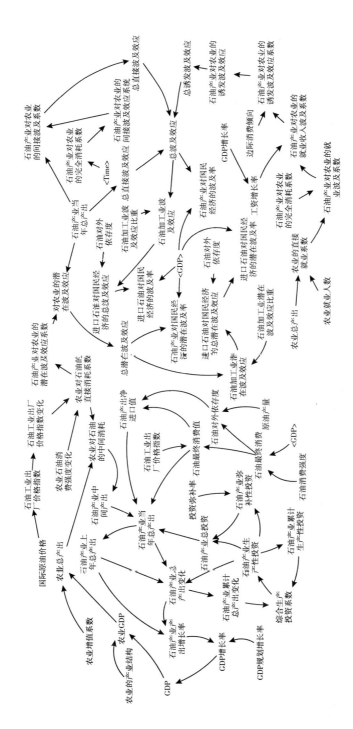

图 5－5 系统动态投入产出模型因果关系图（中间产出和波及效应子模块仅以农业为例）

六 系统动态投入产出模型的流图建立

根据系统动力学原理，结合上面的因果关系图，本书建立了石油产业波及效应的系统动态投入产出模型流图。由于模型变量较多，同上面的因果关系图一样，按照四个模块的顺序将模型的流图进行逐个分解，见图5-6至图5-9。

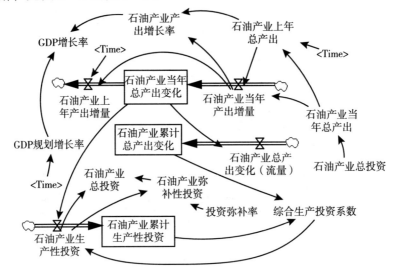

图5-6 石油产业投资子模块流图

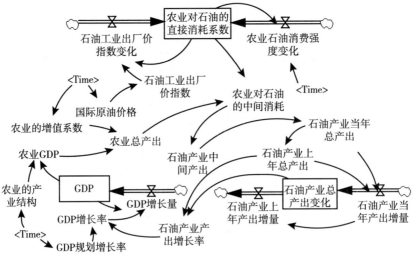

图5-7 石油产业中间产出子模块流图-以农业为例

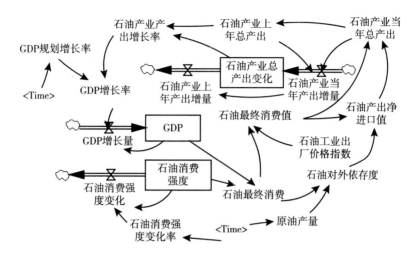

图 5 - 8　石油产业最终消费及净进口子模块流图

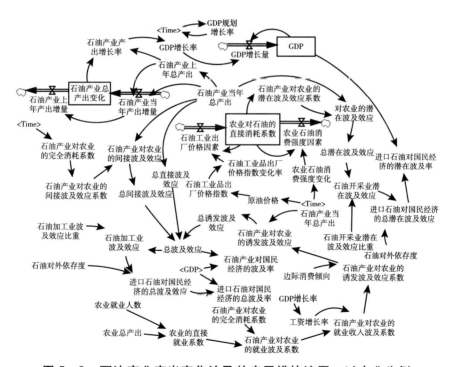

图 5 - 9　石油产业产出变化波及效应子模块流图 - 以农业为例

图 5 - 10 显示了整个系统动态投入产出模型的流图，其中中间产出和波及效应子模块仅以农业为例。

石油产业的经济波及效应

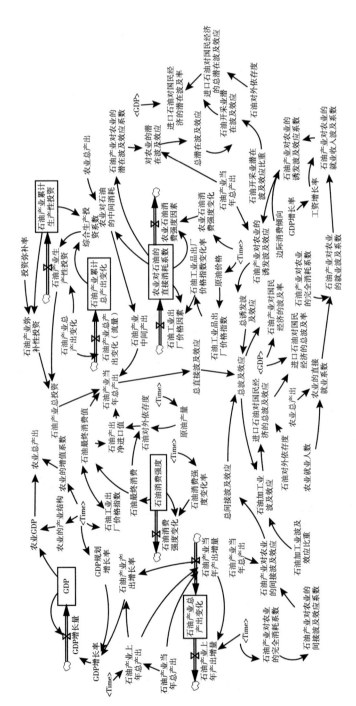

图 5 - 10　系统动态投入产出模型流图（中间产出和波及效应子模块仅以农业为例）

第二节 系统动态投入产出模型的主要参数确定

一 国内生产总值增长率

国内生产总值（简称 GDP）一直是我国社会关注程度很高的热点话题之一。国内生产总值涉及政府宏观规划、相关政策制定、学术研究、百姓生活等方方面面。

国家在"九五"时期、"十五"时期和"十一五"时期规划的 GDP 增长速度分别为 8%、7% 和 7.5%，但是实际的 GDP 增长率分别为 8.6%、9.5% 和 9.9%，实际 GDP 增长率明显高于五年规划中的 GDP 增长率。因此，GDP 增长率的确定有必要在参考规划 GDP 增长率的基础上考虑实际的经济发展情况。本书将以石油产业的产出增长率来反映实际经济发展情况，综合考虑规划和实际经济发展情况来确定 GDP 增长率，公式如下：

$$Y = y_{规划} + a(y_{石油产业} - y_{规划}) \tag{5.5}$$

其中，Y 是实际 GDP 增长率，$y_{规划}$ 是国家五年规划中的 GDP 增长率，a 是模型中的常数系数，$y_{石油产业}$ 是石油产业的产出增长率。

由于个别年份尤其是 2001 年石油产业产出增长率存在较大的波动情况，导致采用公式（5.15）进行回归的效果不理想。于是，本书采用模型中各个变量的历史平均值来求出常数系数 a。1996 年以来实际 GDP 增长率的平均值约 9.3%，规划 GDP 增长率的平均值为 7.5%，剔除价格因素后的石油产业产出增长率约为 17.4%，于是求得 a 为 0.185。

本书结合《中华人民共和国国民经济和社会发展第十二个五年规划纲要》、国家统计局、国务院发展研究中心的相关研究结论确定 2030 年之前的国内生产总值规划增长率；采用国家发改委能源研究所在研究"中国 2050 年低碳情景和低碳发展之路"中的相关成果作为

2030～2050年的国内生产总值规划增长率。在综合上述机构研究成果的基础上，表5-1显示了我国未来国内生产总值规划增长率。

表5-1　我国未来国内生产总值规划增长率（2011～2050年）

单位：%

时期	2011～2015年	2015～2020年	2021～2030年	2031～2040年	2041～2050年
GDP规划增长率	7.00	7.00	6.20	4.98	3.60

数据来源：国家统计局、国务院发展研究中心、国家发改委能源研究所。

二　产业结构

产业结构是指国民经济中各产业的构成及各产业之间的联系和比例关系。在经济发展过程中，不同的生产部门由于受到各种因素的影响和制约，会在增长速度、经济总量中的比重、对经济增长的推动作用等方面表现出很大的差异。因此，在每个具体的经济发展阶段、发展时点上，组成国民经济的产业部门大不一样。

三次产业分类法是目前世界上较为通用的产业结构分类方法，因此相关研究也较多。根据世界范围内的一般发展经验，三次产业之间的结构变化趋势大致如下：第一产业增加值占国内生产总值的比重在大多数国家中呈不断下降的趋势；20世纪60年代以前，第二产业增加值占国内生产总值的比重在大多数国家中都呈上升趋势，20世纪60年代以后，美、英等发达国家的第二产业比重开始下降，其中传统工业的下降趋势更为明显；各国第三产业增加值占国内生产总值的比重都呈上升趋势，发达国家在20世纪60年代以后第三产业发展尤为迅速，所占比重超过了60%。根据世界银行公布的《世界发展指标》中的相关数据，表5-2给出了世界若干国家第一产业、第二产业、第三产业占GDP的比重数据。

表 5 - 2　世界若干国家的产业结构比较

单位：%

国家	第一产业比重		第二产业比重		第三产业比重	
	1990 年	2008 年	1990 年	2008 年	1990 年	2008 年
中国	27.1	11.3	41.4	48.6	31.5	40.1
印度	29.3	17.5	26.9	28.8	43.8	53.7
俄罗斯	16.6	5.0	48.4	37.2	35.0	57.8
巴西	8.1	6.7	38.7	28.0	53.2	65.3
美国	2.1	1.3	27.8	21.8	70.1	76.9
日本	2.6	1.4	39.6	29.3	57.8	69.3
英国	1.8	0.7	34.1	23.7	64.1	75.6
法国	4.2	2.0	27.1	20.4	68.7	77.6
德国	1.5	0.9	37.3	30.1	61.2	69.0
新加坡	0.4	0.1	34.7	27.7	64.9	72.2

注：2009 年《世界发展指标》没有公布日本、美国的 2008 年数据，这里以 2007 年相应数据代替。

数据来源：世界银行。

因此，尽管我国的产业结构已经有了很大改善，但是与发达国家相比仍有很大的改善空间，比如第三产业比重仍然很低，不仅远低于美、英等发达国家，也明显低于印度、俄罗斯等发展中国家。至于我国未来三次产业结构的变化预测，本书采用国家发改委能源研究所在研究"中国 2050 年低碳情景和低碳发展之路"中的相关成果，如表5 - 3 所示。

表 5 - 3　我国未来产业结构预测

单位：%

部门结构	2020 年	2030 年	2040 年	2050 年
第一产业	6.8	4.3	3.2	2.5
第二产业	48.7	45.5	40.6	36.3
第三产业	44.5	50.2	56.2	61.2

数据来源：国家发改委能源研究所。

国务院发展研究中心于 2010 年完成的研究报告《"十二五"至 2030 年我国经济增长前景展望》也给出我国 2030 年前的产业结构测算结果：中国第三产业比重会逐渐提高，到 2030 年可达到 51% 左右的水平（李善同，2010）。该值与表 5 - 3 中的结论类似。

前面已经提及，本书将国民经济分成 8 大部门。其中，第一产业包括农业；第二产业包括石油工业、非石油采掘业、非石油制造业、公用事业、建筑业；第三产业包括交通运输业、其他第三产业。尽管表 5 - 3 显示了我国未来的产业结构，但是并没有相对细分的 8 大部门的具体比例，尤其是第二产业内部的不同部门有着不同的发展趋势。

就一般规律而言，工业化可以分为四个阶段：①以轻工业为中心的发展阶段；②以重化工业为中心的发展阶段；③高加工化的发展阶段；④技术集约化阶段。当前，先进发达国家和经济体已经完成工业化，产业技术水平显著提高，中高端技术产值占据了主导行业。根据社科院国情调研研究，目前我国整体上已进入工业化中期的后段，2015 年中国将进入后工业化时期（诸建芳，2010）。因此，我国未来的工业发展对原材料的依赖程度将明显下降，对原材料的加工链条将越来越长，加工度的提高将使产品的技术含量和附加值大大提高。我国工业将逐步从高耗能、高污染的传统工业向高附加值、低能耗、低污染的高加工和技术集约工业转变。

就第三产业而言，美日韩等国历史经验显示其内部结构演变有一定的规律：交通运输业、批发和零售业等流通类服务业增加值占 GDP 的比重逐渐下降。

本书以 2009 年 8 大部门的产业结构和表 5 - 3 中三大产业未来产业结构预测结果为基础，根据"九五"以来我国产业结构尤其是工业结构的变化规律，并参照国际上产业结构的一般发展规律来预测未来 8 大部门的产业结构。表 5 - 4 显示了相关的预测结果。

表 5 – 4　我国 8 大部门的产业结构预测

单位：%

行业\年份	2020	2030	2040	2050
农业	6.80	4.30	3.10	2.50
石油工业	3.32	2.99	2.57	2.22
非石油采掘业	2.93	2.61	2.21	1.89
非石油制造业	32.95	31.21	28.22	25.61
公用事业	2.86	2.49	2.06	1.72
建筑业	6.64	6.21	5.54	4.97
交通运输业	6.13	5.38	5.00	4.76
其他第三产业	38.37	44.82	51.20	56.44

三　各产业增值系数

产业增值系数是指一个产业中增加值占总产值的比重。由于 GDP 是各个产业增加值之和，因此产业增值系数可以衡量一个产业为国民经济的最终贡献能力。模型以 2009 年各产业的增值系数为基础，以"九五"时期以来（1996~2009 年）产业增值系数变化率的几何平均值作为今后一段时间的各产业增值系数变化率，从而得出模型中各产业增值系数这个参数。表 5 – 5 显示了相关预测结果。

表 5 – 5　模型中各产业增值系数的预测结果

单位：%

行业\年份	2020	2030	2040	2050
农业	57.19	56.12	55.06	54.03
石油工业	33.79	31.83	29.99	28.25
非石油采掘业	45.48	44.01	42.59	41.21
非石油制造业	28.19	29.09	30.01	30.97
公用事业	30.33	28.02	25.87	23.90
建筑业	22.38	21.81	21.25	20.71
交通运输业	42.70	40.19	37.83	35.61
其他第三产业	56.54	57.79	59.07	60.38

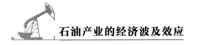
四 投资弥补率

投资弥补率是石油产业弥补性投资占生产性投资的比例。为了避免石油产业个别年份生产性投资和弥补性投资波动较大的问题，这里采用石油产业 2005～2009 年累计弥补性投资和累计生产性投资的比值来计算投资弥补率，公式如下：

$$k = \frac{\sum\limits_{t=2005}^{2009} f_t'}{\sum\limits_{t=2005}^{2009} f_t} \tag{5.6}$$

其中，k 是石油产业的投资弥补率，f_t' 表示石油产业在第 t 年的弥补性投资，f_t 表示石油产业在第 t 年的生产性投资。

《中国统计年鉴》中只公布了包括生产性投资和弥补性投资在内的总投资额，而没有单独公布弥补性投资和生产性投资。由于弥补性投资产生的原因在于投资所形成的固定资产等主要投资成果有一定的生命周期，在到达一定期限后将退出生产，即弥补性投资是对结束生命周期的生产资产的一种更新补偿。为了数据收集和计算的方便，这里采用"固定资产折旧"数据来进行相关分析，国家统计局并没有直接公布折旧数据，但是公布了各行业的固定资产原始价和固定资产净值年平均余额等值。固定资产原始价指企业在建造、改置、安装、改建、扩建、技术改造固定资产时实际支出的全部货币总额；固定资产净值年平均余额是指固定资产原始价值或重置完全价值减去已提折旧后的净值。根据会计学基本原理，可以通过对比固定资产净值平均余额与固定资产原价得出固定资产的新旧程度；固定资产原始价值减去固定资产净值年平均余额后的差值是累计折旧。

石油产业 2005～2009 年累计生产性投资 $\sum\limits_{t=2005}^{2009} f_t$ 可以计算如下：

$$\sum_{t=2005}^{2009} f_t = \sum_{t=2005}^{2009} F_t - \left[(V_{\text{原}2009} - V_{\text{净}2009}) - (V_{\text{原}2005} - V_{\text{净}2005}) \right] \tag{5.7}$$

其中，$\sum\limits_{t=2005}^{2009} F_t$ 是石油产业 2005～2009 年累计总投资，$V_{原2009}$ 表示石油产业在 2009 年的固定资产原价，$V_{净2009}$ 表示石油产业在 2009 年的固定资产净值年平均余额，$(V_{原2009} - V_{净2009})$ 表示截至 2009 年的石油产业累计折旧总额，$(V_{原2005} - V_{净2005})$ 表示截至 2005 年的石油产业累计折旧总额，$[(V_{原2009} - V_{净2009}) - (V_{原2005} - V_{净2005})]$ 是石油产业 2005～2009 年的累计折旧总额。

根据国家统计局公布的相关数据，采用上述公式计算，得到石油产业的投资弥补率 k 的值为 0.4246。

五　综合生产投资系数

综合生产投资系数是石油产业每单位总产出增加所综合需要的生产性投资。采用公式（5.4）$b = \dfrac{\Sigma f_t}{\Sigma \Delta x_t}$ 来计算石油产业的综合生产投资系数。其中，b 是石油产业的综合生产投资系数，f_t 表示石油产业在第 t 年所需要的生产性投资，Δx_t 表示石油产业在第 t 年的产出变化值。

由公式（5.6）可以得到：

$$\sum_{t=2005}^{2009} f_t = \frac{1}{k} \sum_{t=2005}^{2009} f_t' \tag{5.8}$$

根据石油产业投资子模块流图 5-6，石油产业的综合生产投资系数 b 需要根据模型的运行不断修订更新，因此模型中未来年份石油产业综合生产投资系数 b 的计算公式如下：

$$b = \frac{\sum\limits_{t=2005}^{n} f_t'}{k \sum\limits_{t=2005}^{n} x_t} \tag{5.9}$$

其中，k 是石油产业的投资弥补率 0.4246，f_t' 表示石油产业在第 t 年所需要的弥补性投资，x_t 表示石油产业在第 t 年的总产出。

六　石油产量

经过整理和分析中国历年来实际的石油勘探开发数据，本书建立了中国石油产量预测的系统动力学模型，因果关系图和流图分别如图5-11和图5-12所示。

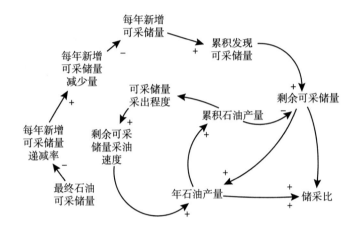

图 5 - 11 中国石油产量预测的因果关系图

从图 5 - 11 中可以看出，剩余石油可采储量和剩余可采储量采油速度是控制年石油产量的两个重要指标，两者乘积为年石油产量；剩余可采储量采油速度则受可采储量采出程度的影响，随着可采储量采出程度的逐渐提高，剩余可采储量采油速度越来越快。

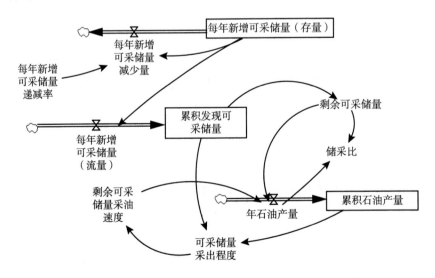

图 5 - 12 中国石油产量预测的系统动力学流图

为了建模的方便，图5－12中出现了两个每年新增可采储量，分别是存量和流量，尽管变量性质不同，但在数值上它们相等。

根据中国石油勘探开发的相关历史数据，预测了最终石油可采储量、确定了模型的相关变量初值和变量间的定量关系。中国在2050年之前的石油产量的模拟结果如图5－13所示。

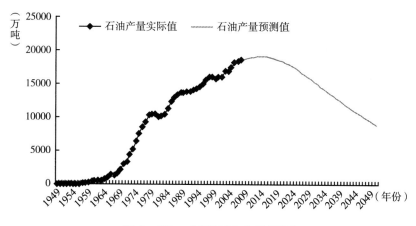

图5－13　中国石油产量预测

从图5－13中可以看出，当前中国的石油产量正处于高峰平台期，未来石油产量上升的空间已经不大。本书将未来石油产量的模拟结果作为表函数放入石油产业波及效应的系统动态投入产出模型中。

七　石油消费强度

石油消费强度是指单位实际国内生产总值所消耗石油的数量。由于这里所指的国内生产总值是实际国内生产总值而非名义国内生产总值，前文确定的未来国内生产总值增长率也是实际经济增长率，因此本书将我国自1978年以来的国内生产总值以2009年的价格而非当年价格来表示。石油消费强度的计算公式如下：

$$Q = \frac{D}{\text{GDP}_{2009价格} \times 10000} \tag{5.10}$$

其中，Q表示每万元国内生产总值所消耗的石油量；D表示石油消耗量，单位是吨/年；$GDP_{2009价格}$ 是以 2009 年价格表示的国内生产总值。

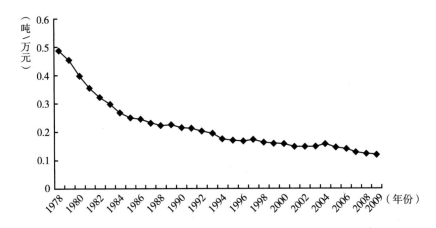

图 5-14 我国石油消费强度变化

数据来源：根据《中国统计年鉴》《中国能源统计年鉴》整理分析。

图 5-14 显示了我国 1978 年以来的石油消费强度的变化。1978 年以来，我国石油消费强度下降明显：每万元国内生产总值（2009 年价格）所消耗的石油量从 1978 年的 0.49 吨下降到 2009 年的 0.12 吨，平均每年下降 4.41%；但是 1990 年以来下降速度有所放缓，平均每年下降 2.98%。

尽管我国石油消费强度已经下降很多，但与发达国家、世界平均水平相比仍存在很大差距，表 5-6 显示了 1970 年以来我国石油消费强度与其他主要国家的对比情况。

表 5-6 我国石油消费强度的国际对比

单位：吨/万美元

国家	1970 年	1980 年	1990 年	2000 年	2005 年	2010 年
中国	3.08	4.51	3.16	1.87	1.47	0.73
印度	3.19	1.72	1.83	2.31	1.48	0.90
俄罗斯	—	—	4.83	4.99	1.70	1.00
巴西	5.95	2.35	1.36	1.42	1.07	0.56

续表

国家	1970 年	1980 年	1990 年	2000 年	2005 年	2010 年
美国	6.89	2.85	1.34	0.91	0.76	0.58
日本	9.81	2.25	0.82	0.55	0.54	0.37
英国	8.30	1.49	0.82	0.53	0.36	0.33
法国	6.41	1.59	0.72	0.71	0.43	0.33
德国	6.64	1.60	0.74	0.68	0.44	0.35
世界平均 （除中国外）	8.52	2.84	1.43	1.10	0.84	0.67

数据来源：BP 统计资料、世界银行。

从表 5 - 6 中可以看出，尽管我国石油消费强度一直处于持续下降的态势，但与发达国家相比，我国仍处于较高水平，也高于世界平均水平，下降空间依然很大。就未来而言，中国科学院于 2009 年发布的《创新 2050：科技革命与中国的未来》战略研究系列报告指出，我国单位 GDP 能耗将在 2020 年前下降 20%、2020 ~ 2030 年下降 30%、2030 ~ 2050 年下降 50%。据此计算，我国在 2050 年的单位 GDP 能耗将在 2010 年的基础上下降 72%，平均每年下降 3.13%。由于我国经济仍处于工业化的完成过程中，石油消费强度和 GDP 单位能耗有着类似的变化规律。

在我国未来能源结构的变化中，中科院院士严陆光指出化石能源在中国能源消费结构中的比重将由现今的超过 90% 降低到 2050 年的 70%，而非化石能源比例达 30%，主要变化在于煤在消费结构中的份额将由目前的约 70% 减少至 2050 年的约 40%，而石油消费在能源消费结构中的比例将维持在 20% 左右。由于未来石油消费在能源消费结构中的比重和目前相比没有明显变化，因此，本书假设我国未来的石油消耗强度也遵循中国科学院于 2009 年公布的未来 GDP 能耗变化规律。事实上，我国 2009 年的 GDP 能耗和石油消费强度在 1995 年的基础上分别下降 33.5% 和 29.3%，两者变化非常接近。

尽管上文分析了我国总体石油消费强度的国内外对比及未来变化，但是由于各产业的产业特性差异很大以及各产业在国民经济中的结构比重也在不断变化，因此各个产业部门与总体国民经济的石油消费强度变化不完全一致。

本书采用"石油消费结构和产业结构"相对照的综合分析方法来研究未来主要部门的石油消费强度变化，具体思路如下：

$$\Delta Q_i^n = \frac{\dfrac{Q^n \times GDP^n \times k_i^n}{GDP^n \times p_i^n}}{\dfrac{Q^0 \times GDP^0 \times k_i^0}{GDP^0 \times p_i^0}} = \Delta Q^n \times \frac{k_i^n p_i^0}{p_i^n k_i^0} \qquad (5.11)$$

其中，ΔQ_i^n 是产业 i 在 n 年石油消费强度相对于基年的变化率，Q^n 和 Q^0 分别表示国民经济在 n 年和基年的石油消费强度，GDP^n 和 GDP^0 分别表示 n 年和基年的国内生产总值，k_i^n 和 k_i^0 分别表示 n 年和基年里产业 i 的石油消费量占总国民经济石油消费量的比重，p_i^n 和 p_i^0 分别表示 n 年和基年里产业 i 的产业结构比重。

石油消费结构与产业结构密切相关，表 5 - 7 和表 5 - 8 分别显示了我国石油消费结构与产业结构的变化。

表 5 - 7　我国石油消费结构的变化

单位：%

年份 部门	1990	1995	2000	2005	2007
农业	9.0	7.5	6.7	6.4	5.8
工业	63.7	58.2	48.7	44.5	41.1
建筑业	2.8	1.5	3.7	4.6	5.0
交通运输业	14.7	17.8	24.6	29.8	33.6
其他第三产业	9.8	15.0	16.4	14.7	14.4

注：其他第三产业包括除交通运输业以外的其他第三产业和居民生活石油消费。

数据来源：根据《中国能源统计年鉴》整理分析。

表 5 - 8　我国产业结构的变化

单位：%

部门＼年份	1990	1995	2000	2005	2008
农业	27.1	20.0	15.1	12.2	11.3
工业	36.7	41.0	40.4	42.2	42.9
建筑业	4.6	6.1	5.6	5.5	5.7
交通运输业	6.3	5.3	6.2	5.9	5.5
其他第三产业	25.3	27.5	32.8	34.2	34.6

数据来源：根据《国家统计年鉴》整理分析。

对照表 5 - 7 和表 5 - 8 不难发现，随着农业产业比重的下降，农业的石油消费比重也在下降；工业产业结构比重目前处于大致稳定、略有上升的态势，但工业的石油消费比重明显持续下降；建筑业在石油消费结构和产业结构中均大致保持稳定；交通运输业在产业结构中的比例有所下降，但其在石油消费结构中的比重上升迅速；其他第三产业在产业结构中上升明显，包含除交通运输业以外的其他第三产业和居民生活石油消费之和大致稳定，甚至有所下降。

第二节中已指出，农业产出比重仍将进一步下降，因此其石油消费比重也将随之下降；目前我国整体上已进入工业化中期的后段，工业比重上升空间有限，并将逐渐下降，因此工业用油比重将进一步下降；第三产业仍有很大上升空间，因此既作为第三产业的重要组成部分又是第三产业发展重要保障的交通运输业的石油消费比重仍将快速上升，其他第三产业用油比重将持续下降。

图 5 - 15 显示了 2008 年我国石油消费结构与美国、世界平均水平的对比情况。

从图 5 - 15 中不难发现，我国工业用油比例远高于美国及世界平均水平，主要是由于我国工业的产业比重仍很高；随着我国第三产业的进一步发展，交通运输业用油比重将进一步上升，其他第三产业、农业等用油比重将持续下降。我国目前产业结构和石油消费结构的变

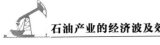
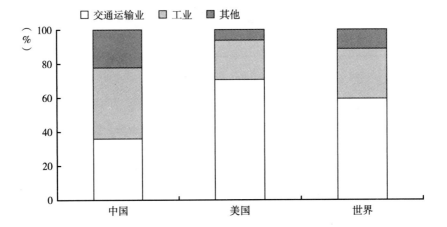

图 5-15 我国石油消费结构与美国、世界平均水平的对比

数据来源：根据《中国能源统计年鉴》、世界石油网的相关数据整理分析。

化规律与世界上其他国家的一般发展规律类似。

在参考国际上一般的石油消费结构发展规律、国家统计局公布的细分产业石油消费比重、产业结构和石油消费结构的变化联系等基础上，本书得到了未来的石油消费结构，即公式中的 k_i（见表5-9）。

表 5-9 我国未来石油消费结构的变化

单位：%

部门	2007 年	2020 年	2030 年	2050 年
农业	5.83	3.18	2.05	1.23
石油工业	23.02	20.50	19.49	16.12
非石油采掘业	0.56	0.50	0.47	0.39
非石油制造业	15.03	14.38	12.72	10.52
公用事业	2.53	2.25	2.14	1.77
建筑业	4.99	5.30	5.04	4.17
交通运输业	34.62	42.64	47.48	56.66
其他第三产业	14.44	11.25	10.61	9.14

第三节中已经确定我国未来产业结构变化的预测结果，即公式中的 P_i。根据公式（5.11），以各个产业 2009 年的石油消费强度为基准值 1，得到各产业未来的石油消费强度变化预测值（见表 5-10）。

表 5-10 我国未来各产业的石油消费强度变化预测

单位：%

部门	2020 年	2030 年	2050 年
农业	72.75	51.42	26.45
石油工业	75.96	55.71	30.87
非石油采掘业	77.32	57.33	32.57
非石油制造业	76.78	49.81	24.98
公用事业	79.21	60.09	35.79
建筑业	72.76	51.44	26.45
交通运输业	90.82	79.48	53.70
其他第三产业	56.13	31.47	10.71

八 石油工业品出厂价格指数变化

每年国家统计局会按照工业部门分类来公布工业品出厂价格指数，其中包括石油工业。石油工业品出厂价格指数是反映我国石油工业产品出厂价格变化的相对指标，即以上年为基数 100。

由于石油工业品出厂价格指数首先将石油工业的各项代表产品的出厂价格同上一年比较得出石油产业每一种代表工业品的出厂价格指数，然后根据各种产品的权数来加权平均得出石油工业品出厂价格指数。因此，石油工业品出厂价格指数较好地反映了整个石油工业的产品价格状况。

原油是整个石油产业链的最初产品，通过原油加工才会得到广泛使用的石油工业品。因此，原油价格和石油工业品出厂价格指数必然有一定的内在因果联系。图 5-16 显示了 2000~2008 年国际原油价格和石油工业品出厂价格指数的变化，其中石油工业品出厂价格指数以 2000 年为基数 100。

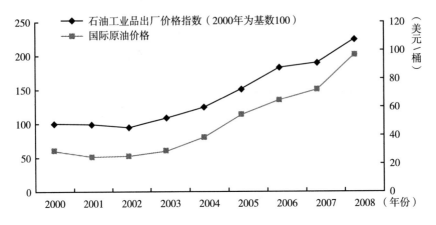

图 5 - 16　国际原油价格和石油工业品出厂价格指数的变化

在此期间，国际原油价格从 2000 年的 28.50 美元/桶上升到 2008 年的 97.26 美元/桶；石油工业品出厂价格指数从 2000 年的基数 100 上升到 2008 年的 224。

从图 5 - 16 中也不难发现国际原油价格和石油工业品出厂价格指数的变化趋势基本一致，两者的相关系数高达 0.9934。两者的回归结果如下：

$$Y = 52.9091 + 1.8447X \tag{5.12}$$

其中，Y 为石油工业品出厂价格指数（2000 年为基数 100）；X 为国际原油价格，单位为美元/桶。

回归模型的 F 检验值为 526.01，X 项和常数项的 t 检验值分别为 22.93 和 12.17，均通过检验。图 5 - 17 显示了我国石油工业品出厂价格指数和国际原油价格回归结果的线性拟合。

至于 2035 年前的国际原油价格，本书采取国际能源机构 IEA 在 2010 年发布的《世界能源展望报告》中的预测结果，2015 年为 100 美元，2035 年将超过 200 美元。2035 年以后，由于替代能源的发展、发

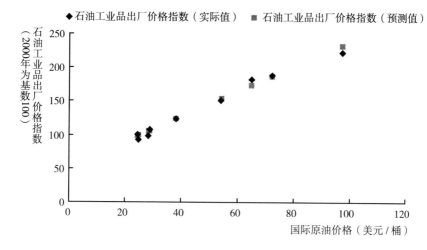

图 5－17　我国石油工业品出厂价格指数和国际原油价格的线性回归拟合

展中国家工业化的总体完成，石油供需矛盾将趋于平缓，本书假定
2035 年至 2050 年国际油价将保持稳定。

九　直接消耗系数确定

直接消耗系数是投入产出模型中的一个关键参数，也是本书建立
的系统动态投入产出模型中的一个重要参数。由于国家统计局 5 年才
公布一次投入产出表，即"直接消耗系数"5 年才能更新一次，这也
在一定程度上限制了投入产出模型的运用，尤其对未来进行仿真模拟
时，相对准确合理的直接消耗系数显得十分重要。

当前，有很多方法进行直接消耗系数的更新研究，比如 RAS 法、
黑石法等。这些方法在主体上以数学和统计为基本原理进行迭代更
新，缺乏经济理论支撑。直接消耗系数是指某一个部门在生产过程
中每单位总产出所直接消耗的其他部门的产品或服务价值量，反映
部门间的生产技术联系。从本质上来看，直接消耗系数反映的是包
括经济结构、产业结构、技术进步等在内的社会经济综合变化。此
外，价值型直接消耗系数还会受到价格因素的影响。因此，如果不
考虑内在的社会经济发展，而一味地从数学统计等技术层面进行直

接消耗系数的更新，会在很大程度上影响所得更新结果的可信度。

本书首次提出并尝试运用"石油消费价值法"来更新与石油相关的直接消耗系数。"石油消费价值法"是指将各行业对石油产业的直接消费系数独立出来进行更新，主要依据石油消费的经济特征进行更新，包括石油消费强度和石油消费价格两个层面。因为直接消耗系数是一个价值量，因此从石油消费强度和消费价格两个层面出发更新直接消耗系数可以相对客观地反映直接消耗系数的价值量特性。该方法从形式上类似于传统的"特定系数更新法"，即对某一重点研究的行或列直接消耗系数单独提取出来进行更新，但本质上两者有很大区别：前者是对重点研究对象进行调查研究从而确定直接消耗系数，这是最原始也是最准确的直接消耗系数确定方法；后者是从包括石油消费强度和消费价格在内的经济特征出发来分析推测直接消耗系数。尽管传统的"特定系数更新法"得到的直接消耗系数更加准确，但需要耗费大量的人力、物力和财力，也很难在短期内完成；而"石油消费价值法"所需数据相对较少，可以节省大量时间和精力。"石油消费价值法"的计算公式如下：

$$a_i^n = b_i \times \frac{Q_i^n}{Q_i^0} \times a_i^0 \times \frac{P_i^n}{P_l^0} \tag{5.13}$$

其中，a_i^n 表示 i 产业在 n 年对石油产业的直接消耗系数，b_i 表示 i 产业对石油产业的直接消耗调整系数，a_i^0 表示 i 产业在基年对石油产业的直接消耗系数，Q_i^n 表示 i 产业在 n 年的石油消费强度，Q_i^0 表示 i 产业在基年的石油消费强度，P^n 表示 n 年的石油工业品出厂价格指数，P^0 表示基年的石油工业品出厂价格指数。

本书将1997年、2002年和2007年三张投入产出表均合并成8部门投入产出表，并计算各部门对石油产业的直接消耗系数 a_i；将国家统计局公布的各行业石油消费合并成8部门石油消费，计算各部门的石油消费强度；将国家统计局公布的石油工业品出厂价格指数转换成以1997年为基数100的价格指数。在上述基础上，可以计

算出 i 产业对石油产业的直接消耗调整系数 b_i 的平均值，如表 5 - 11 所示。

表 5 - 11 各产业对石油产业的直接消耗调整系数

产业	对石油产业的直接消耗调整系数
农业	0.6169
石油工业	0.7058
非石油采掘业	1.3790
非石油制造业	1.5920
公用事业	1.7668
建筑业	0.5650
交通运输业	1.0071
其他第三产业	1.0630

直接消耗调整系数产生的原因主要在于：石油消费强度主要是核算各产业对原油、成品油的直接消耗，而投入产出表中各行业对石油产业的直接消耗系数则衡量对石油产业各类产出和服务的综合消耗，即两者的衡量内容相关但不完全一致。因此，如果两者的衡量内容完全一致，各产业对石油产业的直接消耗调整系数应该为基准值 1。如果调整系数大于 1，则表明该产业对石油产业各类产出和服务的综合依赖程度要高于对原油、成品油的直接依赖；反之亦然。从表 5 - 11 中可以看出，农业、石油工业和建筑业自身对石油产业的直接消耗调整系数低于 1，表明它们对原油和成品油的直接依赖程度要高于其对石油产业各类产出和服务的综合依赖程度。公用事业的直接消耗调整系数最高，主要由于该产业对原油、成品油的消耗强度下降很快，比如，在公用事业产出迅速增长的同时，其对原油和成品油的消费却从 1997 年的 1667 万吨下降到 2002 年的 1265 万吨和 2007 年的 925 万吨；但是其对石油产业各类产出和服务的直接消耗系数并没有出现相应大幅度的下降。除了公用事业之外，非石油采掘业、非石油制造业、交通运输业和其他第三产业的直接消耗调整系数也不同程度地高于 1。

在采用"石油消费价值法"更新各行业对石油产业的直接消耗系

数后，本书再采用"RAS"法更新其他直接消耗系数。"RAS"法所需要的未来各产业总产出数据将根据前面确定的国内生产总值和产业结构等相关预测结果来确定。在此基础上，本书根据"RAS"的基本原理，借助"VBA"平台，编写了直接消耗系数的迭代程序（见附录）。

十 石油产业对各产业的波及效应系数确定

为了建模方便和反映更多的过程信息，本书采用基于过程的求解思路来构建本章模型中的波及效应子模块。根据第三章和第四章中基于过程的求解思路的相应公式，计算石油产业对各产业波及效应系数所需要的相应参数及其确定思路。

（一）直接消耗系数、完全消耗系数和列昂惕夫逆矩阵

上文根据"石油消费价值法"和"RAS"法相结合的方法确定了直接消耗系数，在此基础上便可以很容易地根据投入产出模型中的相应公式确定完全消耗系数和列昂惕夫逆矩阵。

（二）包括石油产业在内的8大行业的直接就业系数

直接就业系数衡量了各个产业的就业效率，主要由产业产出和产业就业人数影响。根据前面对未来国内生产总值、产业结构变化等的预测结果，可以得到未来8大行业的总产出。因此，预测未来直接就业系数的关键在于未来8大行业的就业人数。本书采用《21世纪上半叶中国经济长期预测》中的相关研究结果，如表5-12所示。

表5-12 我国未来就业人数及三次产业就业比重预测

年份	就业人数（亿人）	三次产业就业比重		
		第一产业（%）	第二产业（%）	第三产业（%）
2010	7.247	40.0	26.7	33.4
2020	7.678	32.6	28.3	39.0
2030	7.748	26.5	29.4	44.0
2040	7.655	21.3	30.1	48.5
2050	7.437	17.0	30.6	52.4

数据来源：《21世纪上半叶中国经济长期预测》研究报告。

三次产业内部的就业比重主要参照现有的产业就业比重和未来三次产业内部结构（即表5-4中的8大部门产业结构预测）计算得出。然后，根据第三章公式（3.23）计算得出8大行业的直接就业系数预测结果，如表5-13所示。

表5-13 我国未来8大行业的直接就业系数预测

单位：人/万元产出

年份	农业	石油工业	非石油采掘业	非石油制造业	公用事业	建筑业	交通运输业	其他第三产业
2008	0.5704	0.0143	0.0377	0.0370	0.0169	0.0878	0.0833	0.0749
2020	0.2900	0.0059	0.0163	0.0160	0.0070	0.0301	0.0502	0.0502
2030	0.2023	0.0033	0.0095	0.0094	0.0040	0.0169	0.0336	0.0274
2040	0.1345	0.0022	0.0066	0.0065	0.0027	0.0112	0.0228	0.0164
2050	0.0891	0.0017	0.0052	0.0051	0.0021	0.0084	0.0166	0.0112

（三）各产业就业者的工资增长率

表5-14显示了我国8大行业劳动者工资收入增长与GDP增长的对比情况。

表5-14 我国8大行业劳动者工资收入增长与GDP增长的对比

行业	2002年平均工资（元）	2007年平均工资（元）	2002年GDP（亿元）	2007年GDP（亿元）	工资年均名义增长率	GDP年均名义增长率	△工资/△GDP比值系数
农业	6398	11086	16537	28627	11.62	11.60	1.00
石油工业	16320	35070	4152	9016	16.53	16.78	0.99
非石油采掘业	10148	26156	1854	6723	20.85	29.39	0.71
非石油制造业	10614	20321	37052	85823	13.87	18.29	0.76
公用事业	16431	33807	4374	8973	15.52	15.45	1.00

续表

行业	2002年平均工资(元)	2007年平均工资(元)	2002年GDP(亿元)	2007年GDP(亿元)	工资年均名义增长率	GDP年均名义增长率	$\frac{\triangle 工资}{\triangle GDP}$ 比值系数
建筑业	10279	18758	6465	14264	12.78	17.15	0.75
交通运输业	16522	29282	7493	14806	12.13	14.59	0.83
其他第三产业	11935	24735	42406	89074	15.69	16.00	0.98

从表 5-14 中不难看出，2002～2007 年 8 大行业就业者的工资收入增长与 GDP 增长有着密切的正向关系。其中，农业、石油工业、公用事业和其他第三产业这四个产业的工资年均增长率和 GDP 年均增长率几乎相同，$\frac{\triangle 工资}{\triangle GDP}$ 比值系数几乎等于 1，其他四个产业的工资年均增长率要低于 GDP 年均增长率。由于本书前面已经分析了各行业的未来 GDP 增长情况，这里假定未来各行业劳动者工资年均增长率和 GDP 年均增长率保持现有的比值关系，这样就可以比较容易地预测出未来各行业的劳动者工资年均增长率。表 5-14 中的相关数值均为"名义"数据，即名义工资、名义 GDP，所得的增长率也是名义增长率，没有根据各年的物价指数进行调整。由于本书主要采用工资收入增长与 GDP 增长的比值关系即比值系数，因此无需对相关"名义"值进行调整。

十一 石油加工业波及效应比重

由于本书将分析我国进口石油对国民经济的波及效应，因此需要分析石油加工业占整个石油工业波及效应的比重。这主要是因为我国目前进口石油中原油占了绝大部分，根据第三章中对波及效应产生过程的分析可以得出进口原油主要参与石油加工业对国民经济波及效应的过程。由于石油开采业和石油加工业是石油工业内部紧密联系的两个产业，其对国民经济的波及效应具有类似的变化规律，因此模型采用第四章中计算得出的石油加工业波及效应占整个石油工业波及效应的比重作为本章模型中的比例。第四章中已经计算得出石油开采业和石油加工业对 GDP 的波及效应系数分别为 1.1492和 0.8648，石油开采业和石油加工业的总产出比例分别为 31.15%和 68.85%。经过计算得出，当前石油加工业波及效应占整个石油工业波及效应的比重为 62.45%。

第三节　基于系统动态投入产出模型的石油产业波及效应模拟

一　模型参数的检验分析

由于投入产出表由国家统计局每 5 年才公布一次，因此本书第四章计算得出的石油产业波及效应缺乏连续多年的实际数据，这为模型的参数检验带来了困难。因此，本书主要对系统动态投入产出模型 4 个模块中的前 3 个即石油产业投资子模块、石油产业中间产出子模块、石油产业最终消费子模块进行模型的参数检验。尽管国家统计局没有详细公布上述数据，尤其是中间产出和最终消费，但是公布了石油产业的总产出数据。将模型中投资、中间产出、最终消费和净出口值相加即可得到总产出数据。模型的参数检验情况见表 5 - 15。

表 5 - 15　石油产业总产出模拟结果与实际数据对比

年份	模拟值(亿元)	实际值(亿元)	误差比(%)
2008	32604	33037	-1.3
2009	34103	29010	14.9

从表5-15中可以看出，2008年的模拟值和实际值相差不大，误差比只有-1.3%；但是2009年两者存在较大差异。主要是2009年全球经济危机的全面爆发，国际油价也随之大跌，使得石油产业尤其是石油开采业的总产值出现明显下降。显然，模型无法预测类似的外部经济事件。随着全球经济的复苏，国际油价又迅速恢复到较高位，模型的相关参数仍具有较大的适应性，正如2008年的模型检验一样。

二 模型模拟结果及其分析

根据前面建立的模型和相关参数，本书对石油产业波及效应进行了仿真模拟。图5-18和图5-19显示了未来GDP和未来GDP增长率的模拟结果，这也是本书模拟分析的基本宏观经济环境。GDP增长率主要是基于规划的GDP增长率，并根据石油产业经济增长进行调整。

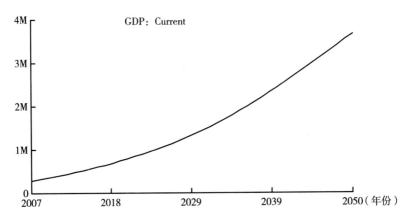

图5-18　未来GDP的模拟结果

注：M为百万。

图5-20显示了石油产业总产出的模拟结果，图5-21至图5-23分别显示了石油产业中间产出、石油产业总投资、石油产业净进口值的模拟结果。

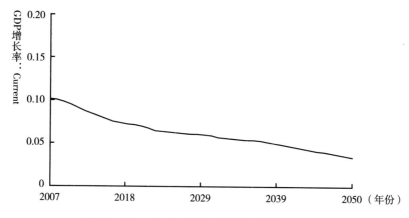

图 5 - 19　未来 GDP 增长率的模拟结果

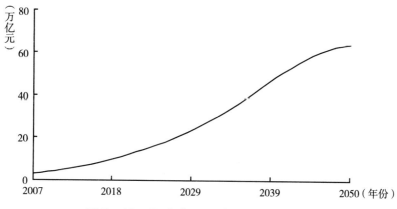

图 5 - 20　石油产业总产出的模拟结果

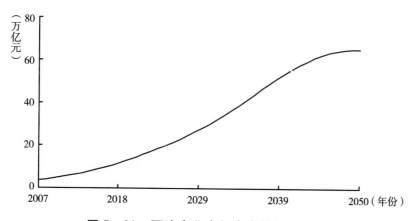

图 5 - 21　石油产业中间产出的模拟结果

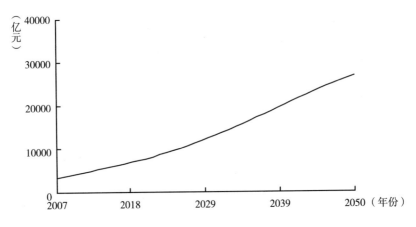

图 5 – 22　石油产业总投资的模拟结果

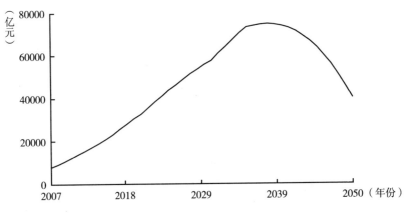

图 5 – 23　石油产业净进口值的模拟结果

图 5 – 24 显示了石油产业对 GDP 的总波及效应；图 5 – 25 至图
5 – 27 分别显示了石油产业对 GDP 的总直接波及效应、总间接波及效
应、总诱发波及效应。

图 5 – 28 显示了石油产业对国民经济的波及率，即石油产业对国
内生产总值的总波及效应占国内生产总值的比重。

图 5 – 29 显示了进口石油对国民经济的波及效应；图 5 – 30 显示
了进口石油对国民经济的波及率，即进口石油对国民经济的总波及效
应占国内生产总值的比重。

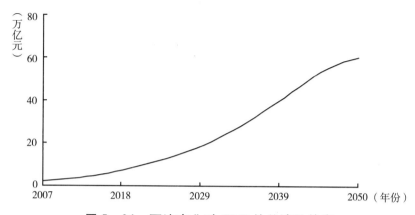

图 5 - 24　石油产业对 GDP 的总波及效应

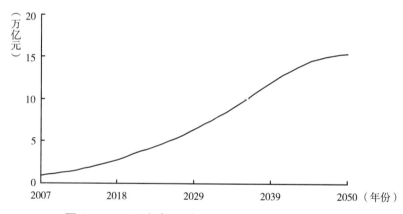

图 5 - 25　石油产业对 GDP 的总直接波及效应

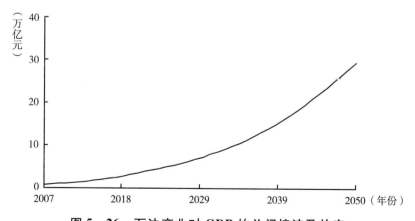

图 5 - 26　石油产业对 GDP 的总间接波及效应

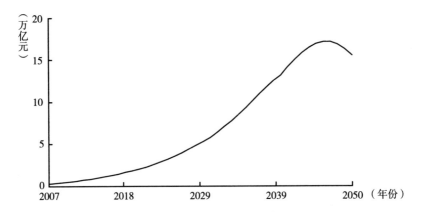

图 5 - 27 石油产业对 GDP 的总诱发波及效应

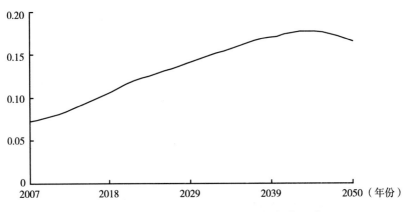

图 5 - 28 石油产业对国民经济的波及率

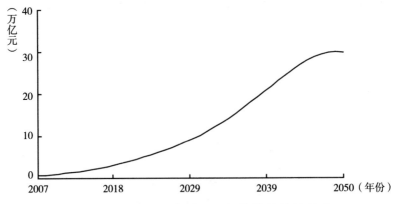

图 5 - 29 进口石油对国民经济的总波及效应

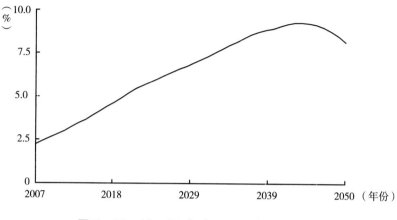

图 5 - 30 进口石油对国民经济的波及率

经过对前面的仿真模拟结果分析,可以总结如下几点。

第一,石油产业总产出总体上与 GDP 的增长趋势相似,即总量上持续上升,但是增长率逐渐放缓。2010 年至 2030 年石油产业总产出的年均增长率为 9.2%;2030 年至 2050 年的年均增长率为 4.6%。

第二,石油产业中间产出在总产出中始终保持绝对比重,这表明石油产业作为一个基础能源产业,为国民经济其他部门提供中间产出的地位在未来不会改变。在 2007 年投入产出表中,石油产业总产出为 30609 亿元,中间产出为 37002 亿元,中间产出超过总产出,这是因为我国是石油净进口国,石油产业的净出口为负值。模拟结果显示:2050 年前石油产业的中间产出始终超过石油产业总产出,主要是由于我国石油进出口为负的现象在 2050 年前不会得到改变,但是我国的石油净进口值将在 2038 年前后达到顶峰。究其原因,我国经济结构的调整、石油消耗强度的持续下降使得石油消费高峰必然会出现,大致在 2035 年前后。就世界范围而言,世界石油消费的相对稳定、新能源的不断发展使得国际油价也将在 2035 年前后趋于稳定。

第三,石油产业总波及效应的迅速增长,从 2007 年的 1.9 万亿元上升到 2030 年的 20.7 万亿元、2050 年的 60.3 万亿元;但增长速度差异很大，2007～2030 年的年均增长速度为 10.9%，2030～2050 年的年均增长速度为 5.5%。总直接波及效应和总间接波及效应也有相似的变化规律，但是总诱发波及效应在 2045 年前后将会开始下降，主要原因是随着劳动效率的提高，单位产值所需的劳动力将大幅较少，这也使得石油产业单位产出对各产业的劳动就业波及人数将不断降低，尽管劳动者收入也在不断上升，但后者的上升速度不及前者，这就使得单位石油产业产出对劳动者就业收入的波及效应会达到高峰，从而使得石油产业的诱发波及效应将会出现峰值。各类波及效应占总波及效应的比重变化趋势是：直接波及效应的比重不断下降；间接波及效应的比重持续上升；诱发波及效应的比重在 2042 年以前持续上升，2042 年以后开始缓慢下降。

第四，石油产业对国民经济的波及率将由目前的 7.1% 左右稳步上升到 2043 年的 17.9%，之后将逐步下降；进口石油对国民经济的总波及效应将由目前的不到 1 万亿元迅速上升到 2040 年的 21 万亿元，但在 2040 年以后大致保持稳定，2050 年达到 29 万亿元，增长速度明显放缓；进口石油对国民经济的波及率则由其目前的 2.2% 上升到 2044 年的 9.3%，之后开始下降，2050 年将降为 8.1%。

第五，尽管石油产业对包括自身在内的各产业的波及效应在总体上不断增长，但各产业的增长速度不一样，这就使得石油产业对各产业波及效应占总波及效应的比重不断变化。对模拟结果进行计算发现：石油产业对交通运输业以及其他第三产业的波及效应比重增长最迅速；石油产业对交通运输业以及其他第三产业的间接波及效应占总间接波及效应的比重由目前的 21% 上升到 2050 年的 40%，这也说明石油产业对服务业的消耗比例将不断增加，从而也使得石油产业间接带动第三产业发展的作用在不断增强；石油产业对交通运输业以及其他第三产业的诱发波及效应占总诱发波及效应的比重在 2040 年之前不断增长，由目前的 30% 上升到 2040 年的 49%，之后开始逐步下降，但仍高于目前的比重。

第六，石油消费强度、石油价格是影响石油产业对国民经济的波及率尤其是进口石油对国民经济的波及率的关键因素，它们存在明显的正相关关系。石油产业对国民经济的波及效应在不断增长，波及率在 2040 年之前也在不断提高。这种现象具有两面性：一方面表明石油产业作为基础能源产业对国民经济的发展仍起着越来越大的作用；另一方面，由于我国是一个石油净进口国，石油对外依存度在不断提高，而国际石油市场变化比以前更加常态化，这就使得石油尤其是进口石油对我国国民经济的健康发展有着重要的影响作用，甚至带来不良的波及效应。因此，改善产业结构，发展低耗能产业；提高技术进步率，增加科技投入和智力投入比重；各产业降低对石油的中间投入需求比例等都是降低石油消费强度、减少石油尤其是进口石油对国民经济带来不良波及效应的重要手段。

第四节　本章小结

本章基于系统动力学和动态投入产出模型的基本原理，构建了 8 部门的系统动态投入产出模型。该模型包括四个子模块：石油产业投资子模块、石油产业中间产出子模块、石油产业最终消费子模块和石油产业产出变化波及效应子模块。模型将投资需求和生产能力联系起来，弥补静态投入产出模型将投资作为外生决定的最终需求即已知值的缺陷；并将传统动态投入产出模型中的投资区分为生产性投资和非生产性的弥补性投资。在确定了模型的所有参数之后，尤其是采用"石油消费价值法"来更新相关的直接消耗系数等模型参数，本章对系统动态投入产出模型进行了运行，仿真模拟了未来石油总产出及中间产出、总投资、净出口值等产出构成；石油产业对国民经济各产业的总波及效应、直接波及效应、间接波及效应、诱发波及效应等波及效应构成；石油产业对整个国民经济的波及率以及进口石油对国民经济的波及率等。模拟结果显示：石油产业作为基础能源产业对国民经济的整体波及效应仍将不断上升；各类波及效应中，直接波及效应的比重不断下降，间接波及效应的比重持续上升，诱发波及效应的比重在 2042 年以前持续上升，2042 年以后开始缓慢下降；石油产业对国民经济的波及率将由目前的 7.1% 左右稳步上升到 2043 年的 17.9%，之后将逐步下降；进口石油对国民经济的波及率则由其目前的 2.2% 上升到 2044 年的 9.3%，之后开始下降，2050 年将下降为 8.1%；石油产业对交通运输业以及其他第三产业的波及效应比重增长最迅速。

第六章
石油产业波及效应的波及路径分析

第一节　石油产业波及路径分析的
定义及研究思路

一　石油产业波及路径分析的定义

本书在第四章中分析了石油开采业和石油加工业对国民经济的波及效应，包括直接波及效应、间接波及效应和诱发波及效应；但是，这些波及效应是总体波及效应，是对国民经济所有产业波及效应的总和。为了更好地分析石油产业的波及效应，需要进行这些波及效应的波及路径分析。所谓"石油产业波及路径分析"是指将石油产业对国民经济的波及效应结果进行波及过程的分解，即分析石油产业如何通过具体的产业路径来对国民经济产生波及效应。对石油产业波及路径的定量分析有利于更好地理解波及效应，也有利于相关决策部门进行针对性的宏观政策制定。

本书将石油产业波及路径分析分为两个层次：第一个层次是石油产业对国民经济波及效应的产业路径分析，分析各个产业所受到的石油产业波及效应，即分析石油产业对国民经济波及效应的产业部门分布；第二个层次是石油产业对某一个特定产业的波及效应的波及过程分析，尽管第一个层次对石油产业对国民经济总体波及效应以及分项波及效应进行了产业部门分布分析，但是这些波及效应中，一部分是受石油产业的直接波及，而另一部分要通过其他产业作为"媒介"来对该产业进行间接波及，即第一个层次缺乏波及过程的分析。此外，石油产业对具体某一个产业进行直接波及时的波及速率会很快，而需要借助"媒介"的波及速率则会下降。因此，第二个层次的波及路径分析主要对这些具体的波及过程及波及特性进行量化分析。

二　石油产业波及路径分析的研究思路

根据本书第三章中对波及效应的分类以及第四章中对波及效应的具体分析计算，本章选择石油产业作为购买者的直接、间接和诱发波及效应和石油产业作为供应者的成本影响波及效应来分别进行这些波及效应的路径分析。在这些波及效应中，并不是所有的波及效应都需要进行两个层次的波及路径分析：直接波及效应在两个层次上都无须进行路径分析；诱发波及效应与间接波及效应的波及过程相同、波及路径一致，但是由于各个产业的劳动就业系数和工资收入存在差异，各个产业受到石油产业的间接波及效应和诱发波及效应在产业分布上存在很大差异，因此，本书将不计算诱发波及效应在第二个层次上的波及路径，只对第一层次上的波及路径进行分析；本书在第四章中已经讨论过石油产业作为供应者的潜在波及效应的研究意义不是很大，更不能将其作为石油产业对国民经济的贡献来看待分析，因为分析的角度已经改变，否则会带来很大的重复计算，容易带来误解，因此本章不对其进行路径分析；本书在第四章中也提出石油产业作为供应者可以对将其作为中间投入的其他产业的投入成本带来波及效应，即成本影响波及效应，本章将对其分别进行第一层次和第二层次的波及路径分析。表6-1显示了石油产业波及效应路径分析的计算分类。

表 6 – 1 石油产业波及效应路径分析的计算分类

分析层次 \ 波及效应	石油产业作为购买者			石油产业作为供应者
	直接波及效应	间接波及效应	诱发波及效应	成本影响波及效应
第一层次	无须计算	计算	计算	计算
第二层次	无须计算	计算	无须计算	计算

下面就两个层次的石油产业波及路径分析分别进行相关的研究思路阐述。

第一，第一层次的石油产业波及路径分析思路。

由于第一个层次的石油产业波及路径分析只需要知道石油产业波及效应的产业部门分布，因此，对此进行分析相对容易。第四章第二节和第三节在计算分析石油产业间接波及效应和诱发波及效应时，实际上进行的是矩阵计算，因此在计算波及效应时，石油开采业和石油加工业对应列中的各个数值即为石油开采业和石油加工业对各个产业的相应波及效应。由于第四章主要侧重总体的波及效应，所以只用了相应列的总和。因此，把矩阵中这些数值和对应产业提取出来即可以得到石油产业对国民经济波及效应的产业部门分布。

第二，第二层次的石油产业波及路径分析思路。

第二个层次石油产业波及路径分析将侧重对石油产业的波及过程和特性进行分析。本书拟采用投入产出分析的方法来进行相关分析。投入产出分析可以将产业间的技术经济联系区分为直接和间接联系，并采用产业间直接消耗系数、完全消耗系数以及它们之间的关系来进行分析。经济系统诸要素是彼此相关的，其中某一要素量值发生变化，必然会首先影响到与它直接发生联系的要素，接着会波及相邻要素，进而能够引起更多要素的量值发生变动。投入产出模型中的完全系数就是对它的完全反映，即包括所有的路径总和，对其主要部分进行分解即可以得到主要波及路径。

在第二层次的石油产业波及路径分析中，本书采用了"波及速率"这个概念来表示石油产业的波及特性，"波及速率"是一个无量纲变量,用其衡量的波及速度是一个相对值。该指标以石油产业对该产业的完全直接波及(不经过任何其他中间产业)为基准值1。因此,石油产业对该产业的任何其他形式的波及速率均小于1。在波及过程中,当直接波及成分少时,波及所经过的中间产业就多,其波及速率就会很小;反之,则会接近1。

第二节 石油产业间接波及效应的路径分析

一 石油产业对国民经济间接波及效应的产业路径分析

将第四章第二节中计算石油产业对国民经济间接波及效应时相关矩阵列中的数值进行细化,便可以得到石油产业对国民经济间接波及效应的产业部门分布,即得到了前面提及的第一层次的石油产业波及效应的路径分析。

表6-2显示了石油开采业对国民经济间接波及效应的产业路径分析,该表显示了受石油开采业间接波及效应排名前15位的部门,其累计波及效应比例超过80%。其中,前三位部门分别是金属冶炼及压延加工业,电力、热力的生产和供应业,化学工业,所占比例分别为13.79%、12.85%和8.68%。

表6-2 石油开采业对国民经济间接波及效应的产业路径分析

排名	部门	间接波及效应	所占比例(%)	累计比例(%)
1	金属冶炼及压延加工业	0.0751	13.79	13.79
2	电力、热力的生产和供应业	0.0700	12.85	26.63
3	化学工业	0.0473	8.68	35.32
4	通用、专用设备制造业	0.0457	8.38	43.70
5	石油加工业	0.0342	6.28	49.98
6	交通运输及仓储业	0.0242	4.45	54.43

排名	部门	间接波及效应	所占比例(%)	累计比例(%)
7	通信设备、计算机及其他电子设备制造业	0.0209	3.84	58.28
8	电气机械及器材制造业	0.0207	3.80	62.08
9	金属制品业	0.0158	2.91	64.98
10	金融业	0.0158	2.90	67.88
11	批发和零售业	0.0151	2.78	70.65
12	煤炭开采和洗选业	0.0149	2.74	73.40
13	交通运输设备制造业	0.0137	2.51	75.91
14	纺织业	0.0120	2.20	78.11
15	农林牧渔业	0.0110	2.03	80.14

表6-3显示了受石油加工业间接波及效应排名前15位的部门，其累计波及效应比例超过85%。其中，前三位部门分别是石油开采业，电力、热力的生产和供应业，金属冶炼及压延加工业，所占比例分别为27.17%、8.71%和7.68%。

表6-3　石油加工业对国民经济间接波及效应的产业路径分析

排名	部门	间接波及效应	所占比例(%)	累计比例(%)
1	石油开采业	0.3743	27.17	27.17
2	电力、热力的生产和供应业	0.1200	8.71	35.88
3	金属冶炼及压延加工业	0.1058	7.68	43.56
4	化学工业	0.0988	7.17	50.73
5	煤炭开采和洗选业	0.0825	5.99	56.72
6	通用、专用设备制造业	0.0750	5.45	62.16
7	交通运输及仓储业	0.0678	4.92	67.08
8	批发和零售业	0.0399	2.90	69.98

续表

排名	部门	间接波及效应	所占比例(%)	累计比例(%)
9	通信设备、计算机及其他电子设备制造业	0.0355	2.58	72.56
10	电气机械及器材制造业	0.0346	2.51	75.07
11	金融业	0.0336	2.44	77.51
12	金属制品业	0.0302	2.19	79.70
13	交通运输设备制造业	0.0277	2.01	81.71
14	食品制造及烟草加工业	0.0240	1.74	83.45
15	农林牧渔业	0.0239	1.74	85.19

除了石油产业内部（比如石油加工业对石油开采业）的间接波及效应外，受石油开采业和石油加工业间接波及效应较大的共同部门主要有：金属冶炼及压延加工业，电力、热力的生产和供应业，化学工业，通用、专用设备制造业，交通运输及仓储业。

二　石油产业对特定产业间接波及效应的路径分析

石油产业对特定产业间接波及效应的路径分析将在前面第一层次路径分析的基础上对重点产业进行波及过程分析，即进行第二层次的路径分析。

根据表6－2，本书选取受石油开采业间接波及效应最大的5个部门进行分析：金属冶炼及压延加工业，电力、热力的生产和供应业，化学工业，通用、专用设备制造业，石油加工业，其累计波及效应比例达到50%。表6－4至表6－8分别显示了石油开采业对这5个部门的间接波及效应在第二层次上的路径分析以及波及速率。

根据表6－3，本书选取受石油加工业间接波及效应最大的5个部门进行分析：石油开采业，电力、热力的生产和供应业，金属冶炼及压延加工业，化学工业，煤炭开采和洗选业，其累计波及效应比例达到57%。表6－9至表6－13分别显示了石油加工业对这5个部门的间接波及效应在第二层次上的路径分析以及波及速率。

表6－4 石油开采业对金属冶炼及压延加工业间接波及效应的路径分析

路径	全部间接波及效应	路径间接波及效应	所占比例(%)	累计比例(%)	路径波及速率	总体波及速率
金属冶炼及压延加工业←石油开采业	0.07510	0.02260	30.10	30.10	1.0000	0.5116
金属冶炼及压延加工业←金属冶炼及压延加工业←石油开采业		0.02528	33.67	63.76	0.3010	
金属冶炼及压延加工业←通用、专用设备制造业←石油开采业		0.01065	14.18	77.94	0.5261	
金属冶炼及压延加工业←电气机械及器材制造业←石油开采业		0.00524	6.98	84.92	0.2497	
金属冶炼及压延加工业←金属制品业←石油开采业		0.00471	6.27	91.19	0.2750	

表6－5 石油开采业对电力、热力的生产和供应业间接波及效应的路径分析

路径	全部间接波及效应	路径间接波及效应	所占比例(%)	累计比例(%)	路径波及速率	总体波及速率
电力、热力的生产和供应业←石油开采业	0.07000	0.02910	41.57	41.57	1.0000	0.5920
电力、热力的生产和供应业←电力、热力的生产和供应业←石油开采业		0.02511	35.87	77.44	0.4157	
电力、热力的生产和供应业←金属冶炼及压延加工业←石油开采业		0.00333	4.75	82.19	0.3010	
电力、热力的生产和供应业←化学工业←石油开采业		0.00219	3.12	85.32	0.2351	
电力、热力的生产和供应业←石油开采业		0.00201	2.87	88.19	0.1947	

表6-6 石油开采业对化学工业间接波及效应的路径分析

路径	全部间接波及效应	路径间接波及效应	所占比例(%)	累计比例(%)	路径波及速率	总体波及速率
化学工业←石油开采业	0.04730	0.01112	23.51	23.51	1.0000	0.3722
化学工业←化学工业←石油开采业		0.01970	41.64	65.15	0.2351	
化学工业←石油通用、专用设备制造业←石油开采业		0.00165	3.49	68.64	0.5261	
化学工业←电气机械及器材制造业←石油开采业		0.00152	3.22	71.86	0.2497	
化学工业←仪器仪表及文化办公用机械制造业←石油开采业		0.00109	2.30	74.16	0.5551	

表6-7 石油开采业对通用、专用设备制造业间接波及效应的路径分析

路径	全部间接波及效应	路径间接波及效应	所占比例(%)	累计比例(%)	路径波及速率	总体波及速率
通用、专用设备制造业←石油开采业	0.04570	0.02404	52.61	52.61	1.0000	0.6680
通用、专用设备制造业←通用、专用设备制造业←石油开采业		0.00982	21.50	74.11	0.5261	
通用、专用设备制造业←金属冶炼及压延加工业←石油开采业		0.00217	4.75	78.86	0.3010	
通用、专用设备制造业←石油开采业←石油开采业		0.00166	3.63	82.49	0.1947	
通用、专用设备制造业←交通运输设备制造业←石油开采业		0.00117	2.56	85.05	0.2413	

表 6 - 8　石油开采业对石油加工业间接波及效应的路径分析

路径	全部间接波及效应	路径间接波及效应	所占比例（%）	累计比例（%）	路径波及速率	总体波及速率
石油加工业←石油开采业		0.01539	45.00	45.00	1.0000	
石油加工业←交通运输及仓储业←石油开采业		0.00389	11.36	56.36	0.3562	
石油加工业←金属冶炼及压延加工业←石油开采业	0.03420	0.00321	9.38	65.74	0.3010	0.6044
石油加工业←化学工业←石油开采业		0.00289	8.44	74.18	0.2351	
石油加工业←电力,热力的生产和供应业←石油开采业		0.00278	8.14	82.32	0.4157	

表 6 - 9　石油加工业对石油开采业间接波及效应的路径分析

路径	全部间接波及效应	路径间接波及效应	所占比例（%）	累计比例（%）	路径波及速率	总体波及速率
石油开采业←石油加工业		0.32119	85.81	85.81	1.0000	
石油开采业←石油加工业←石油加工业	0.37430	0.04319	11.54	97.35	0.4285	0.9191
石油开采业←石油加工业←石油开采业←石油加工业		0.00503	1.35	98.70	0.8581	

表6-10　石油加工业对电力、热力的生产和供应业间接波及效应的路径分析

路径	全部间接波及效应	路径间接波及效应	所占比例(%)	累计比例(%)	路径波及速率	总体波及速率
电力、热力的生产和供应业←石油加工业	0.12000	0.01644	13.70	13.70	1.0000	0.4477
电力、热力的生产和供应业←电力、热力的生产和供应业←石油加工业		0.04304	35.87	49.57	0.1370	
电力、热力的生产和供应业←石油开采业←石油加工业		0.03303	27.53	77.10	0.8581	
电力、热力的生产和供应业←金属冶炼及压延加工业←石油加工业		0.00487	4.06	81.16	0.0056	
电力、热力的生产和供应业←化学工业←石油加工业		0.00441	3.68	84.84	0.1435	

表6-11　石油加工业对金属冶炼及压延加工业间接波及效应的路径分析

路径	全部间接波及效应	路径间接波及效应	所占比例(%)	累计比例(%)	路径波及速率	总体波及速率
金属冶炼及压延加工业←石油加工业	0.10580	0.00059	0.56	0.56	1.0000	0.0444
金属冶炼及压延加工业←金属冶炼及压延加工业←石油加工业		0.03562	33.67	34.23	0.0056	
金属冶炼及压延加工业←石油开采业←石油加工业		0.02468	23.32	57.55	0.8581	
金属冶炼及压延加工业←通用、专用设备制造业←石油加工业		0.01698	16.05	73.60	0.1497	
金属冶炼及压延加工业←电气机械及器材制造业←石油加工业		0.00843	7.97	81.57	0.0368	
金属冶炼及压延加工业←金属制品业←石油加工业		0.00844	7.98	89.55	0.1249	

表 6 – 12 石油加工业对化学工业间接波及效应的路径分析

路径	全部间接波及效应	路径间接波及效应	所占比例（%）	累计比例（%）	路径波及速率	总体波及速率
化学工业←石油加工业		0.01418	14.35	14.35	1.0000	
化学工业←化学工业←石油加工业		0.04114	41.64	55.99	0.1435	
化学工业←石油开采业←石油加工业	0.09880	0.01307	13.22	69.22	0.8581	0.3326
化学工业←通用、专用设备制造业←石油加工业		0.00283	2.87	72.08	0.1497	
化学工业←电气机械及器材制造业←石油加工业		0.00264	2.67	74.75	0.0368	
化学工业←造纸印刷及文教体育用品制造业←石油加工业		0.00197	1.99	76.74	0.0372	
化学工业←石油加工业←石油加工业		0.00191	1.93	78.67	0.4285	

表 6 – 13 石油加工业对煤炭开采和洗选业间接波及效应的路径分析

路径	全部间接波及效应	路径间接波及效应	所占比例（%）	累计比例（%）	路径波及速率	总体波及速率
煤炭开采和洗选业←石油加工业		0.04554	55.20	55.20	1.0000	
煤炭开采和洗选业←电力、热力的生产和供应业←石油加工业		0.01503	18.22	73.42	0.1370	
煤炭开采和洗选业←煤炭开采和洗选业←石油加工业	0.08250	0.00830	10.06	83.48	0.5520	0.6808
煤炭开采和洗选业←石油加工业←石油加工业		0.00612	7.42	90.90	0.4285	
煤炭开采和洗选业←金属冶炼及压延加工业←石油加工业		0.00239	2.90	93.80	0.0056	
煤炭开采和洗选业←化学工业←石油加工业		0.00143	1.74	95.54	0.1435	
煤炭开采和洗选业←石油开采业←石油加工业		0.00133	1.61	97.15	0.8581	

第三节　石油产业诱发波及效应的路径分析

一　石油开采业对国民经济诱发波及效应的产业路径分析

在第四章第三节中，基于过程的诱发波及效应计算方法能够提供更多的中间信息，尤其是石油产业对其他产业劳动者就业收入的波及效应。本节以该方法为基础方法，将计算石油产业对国民经济诱发波及效应时相关矩阵列中的数值进行细化；同时将该结果调整成为综合考虑基于过程和基于结果两种方法的诱发波及效应结果。这就可以得到石油产业对国民经济诱发波及效应的产业部门分布，即第一层次的石油产业波及效应的路径分析。

表 6 - 14 显示了石油开采业对国民经济产出诱发波及效应的产业路径分析，该表显示了受石油开采业的产出诱发波及效应排名前 15 位的部门，其累计波及效应比例接近 90% 。收入波及额是指石油开采业增加 1 万元产出对各部门劳动者收入的波及效应额。

表 6 - 14　石油开采业对国民经济产出诱发波及效应的产业路径分析

排序	部门	产出诱发效应	收入波及额（元）	所占比例（%）	累计比例（%）
1	石油开采业	0.2116	577.65	37.51	37.51
2	农林牧渔业	0.0481	131.21	8.52	46.03
3	交通运输及仓储业	0.0367	100.25	6.51	52.54
4	批发和零售业	0.0326	89.01	5.78	58.32
5	通用、专用设备制造业	0.0282	77.04	5.00	63.32
6	金属冶炼及压延加工业	0.0249	67.95	4.41	67.73
7	电力、热力的生产和供应业	0.0210	57.42	3.73	71.46
8	化学工业	0.0185	50.60	3.29	74.75
9	煤炭开采和洗选业	0.0181	49.31	3.20	77.95

排序	部门	产出诱发效应	收入波及额（元）	所占比例（%）	累计比例（%）
10	金融业	0.0130	35.46	2.30	80.25
11	住宿和餐饮业	0.0122	33.27	2.16	82.41
12	仪器仪表及文化办公用机械制造业	0.0094	25.72	1.67	84.08
13	石油加工业	0.0092	25.23	1.64	85.72
14	综合技术服务业	0.0092	25.07	1.63	87.35
15	通信设备、计算机及其他电子设备制造业	0.0084	22.88	1.49	88.84

从表 6-14 中不难发现，石油开采业增加 1 万元对自身行业劳动者就业收入的波及效应最大，收入波及额为 577.65 元，占所有波及效应的 37.51%；其他部门劳动者收入受石油开采业产出波及最大的前三位分别是农林牧渔业、交通运输及仓储业、批发和零售业，所占比例分别为 8.52%、6.51% 和 5.78%。

二 石油加工业对国民经济诱发波及效应的产业路径分析

与前面的分析类似，表 6-15 显示了石油加工业对国民经济产出诱发波及效应的产业路径分析，该表同样显示了受石油加工业的产出诱发波及效应排名前 15 位的部门，其累计波及效应比例也接近 90%。收入波及额是指石油加工业增加 1 万元产出对各部门劳动者收入的波及效应额。

表 6-15 石油加工业对国民经济产出诱发波及效应的产业路径分析

排序	部门	产出诱发效应	收入波及额（元）	所占比例（%）	累计比例（%）
1	石油开采业	0.1513	413.12	19.20	19.20
2	石油加工业	0.1455	397.11	18.45	37.65

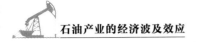

续表

排序	部门	产出诱发效应	收入波及额（元）	所占比例（％）	累计比例（％）
3	农林牧渔业	0.0691	188.69	8.77	46.42
4	交通运输及仓储业	0.0634	173.12	8.04	54.46
5	煤炭开采和洗选业	0.0571	155.78	7.24	61.70
6	批发和零售业	0.0540	147.43	6.85	68.55
7	通用、专用设备制造业	0.0315	86.04	4.00	72.55
8	化学工业	0.0252	68.77	3.20	75.75
9	金属冶炼及压延加工业	0.0246	67.04	3.12	78.87
10	电力、热力的生产和供应业	0.0243	66.30	3.08	81.95
11	金融业	0.0178	48.61	2.26	84.21
12	住宿和餐饮业	0.0147	40.17	1.87	86.08
13	交通运输设备制造业	0.0100	27.24	1.27	87.35
14	通信设备、计算机及其他电子设备制造业	0.0095	25.89	1.20	88.55
15	综合技术服务业	0.0094	25.77	1.20	89.75

从表 6-15 中可以发现，石油加工业增加 1 万元对石油开采业劳动者就业收入的波及效应最大，收入波及额为 413.12 元，占所有波及效应的 19.20%；石油加工业对自身行业劳动者就业收入的波及额为 397.11 元，占所有波及效应的 18.45%；其他部门劳动者收入受石油加工业产出影响最大的前三位分别是农林牧渔业、交通运输及仓储业、煤炭开采和洗选业，所占比例分别为 8.77%、8.04% 和 7.24%。

对比表 6-14 和表 6-15 不难发现，由于石油开采业和石油加工业在石油工业中所处位置不同，所以它们相互之间的波及效应大小差异也很明显。石油开采业增加 1 万元产出对石油加工业的劳动者收入波及效应仅为 25.23 元，在各产业中仅排名第 13；而石油加工业增加 1 万元产出对石油开采业的劳动者收入波及效应高达 413.12 元，在各产业中排名第 1，甚至略微高出石油加工业对自身的波及效应。此外，除了石油产业对自身的波及影响外，无论是石油开采业还是石油加工业增加 1 万元产出，农林牧渔业都是劳动者收入额受波及最大的部门。这主要是由于农业作为我国的基础行业，加之中国历来是个农业大国，其就业人数最多，比很多行业都高出一个数量级，劳动者收入受石油工业的影响比较明显；仅次于农业的是交通运输及仓储业，主要是由于交通运输与石油有着紧密相连的物质消耗关系。

第四节　石油产业成本影响波及效应的路径分析

一　石油产业对国民经济成本影响波及效应的产业路径分析

表 6 - 16 显示了石油开采业对国民经济成本影响波及效应的产业路径分析，重点显示了排名前 15 位的部门。表 6 - 16 在考虑各个产业部门产值比重的基础上对其进行加权，得到考虑产业权重后各个产业占整个国民经济价格影响的比例，前 15 个部门占整个国民经济价格影响的累计比例达到了 77.69%。

表 6 - 16　石油开采业产品价格上升 10% 后成本影响波及效应的路径分析

单位：%

排名	部门	对产业价格影响比例	考虑产业权重后占整个国民经济价格影响的比例	累计比例
1	石油开采业	10.00	12.54	12.54
2	石油加工业	6.15	17.05	29.59
3	燃气生产和供应业	5.52	0.81	30.40
4	交通运输及仓储业	1.42	5.91	36.31
5	化学工业	1.41	11.47	47.78
6	金属矿采选业	1.01	0.82	48.60
7	金属冶炼及压延加工业	0.96	7.68	56.28
8	非金属矿采选业	0.90	0.45	56.73
9	电力、热力的生产和供应业	0.84	3.47	60.20

续表

排名	部门	对产业价格影响比例	考虑产业权重后占整个国民经济价格影响的比例	累计比例
10	非金属矿物制品业	0.81	2.44	62.64
11	建筑业	0.76	6.29	68.93
12	金属制品业	0.74	1.72	70.65
13	电气、机械及器材制造业	0.72	2.59	73.24
14	卫生、社会保障和社会福利事业	0.70	1.02	74.26
15	通用、专用设备制造业	0.66	3.43	77.69

表 6 - 17 显示了石油加工业对国民经济成本影响波及效应的产业路径分析,同样显示了排名前 15 位的部门。考虑产业权重后的前 15 个部门占整个国民经济价格影响的累计比例达到了 75.03%。

表 6 - 17　石油加工业产品价格上升 10% 后成本影响波及效应的路径分析

单位:%

排名	部门	对产业价格影响比例	考虑产业权重后占整个国民经济价格影响的比例	累计比例
1	石油加工业	10.00	23.44	23.44
2	交通运输及仓储业	2.20	7.75	31.19
3	化学工业	1.54	10.63	41.82
4	金属冶炼及压延加工业	1.30	8.85	50.67
5	金属矿采选业	1.25	0.86	51.53
6	建筑业	1.04	7.28	58.81
7	非金属矿采选业	1.04	0.44	59.25
8	非金属矿物制品业	1.00	2.54	61.79
9	电力、热力的生产和供应业	1.00	3.49	65.28
10	金属制品业	0.97	1.91	67.19
11	电气、机械及器材制造业	0.94	2.83	70.02
12	通用、专用设备制造业	0.87	3.83	73.85
13	燃气生产和供应业	0.82	0.10	73.95
14	卫生、社会保障和社会福利事业	0.81	1.01	74.96
15	邮政业	0.81	0.07	75.03

二　石油开采业对特定产业成本影响波及效应的路径分析

石油产业对特定产业成本影响波及效应的路径分析是在石油产业作为供应者的角度上对其他产业中间投入成本的波及过程分析，即进行第二层次的路径分析。

根据表6-16，本书选取受石油开采业成本影响波及效应最大的5个部门进行路径分析：石油加工业、燃气生产和供应业、交通运输及仓储业、化学工业、金属矿采选业，此外还选取了金属冶炼及压延加工业，电力、热力的生产和供应业，农林牧渔业这3个在国民经济中产出比重较大、与居民生活密切相关的行业进行路径分析。

表6-18至6-25显示了石油开采业对8个部门的成本影响波及效应在第二层次上的路径分析以及波及速率。下面以金属矿采选业为例，说明石油开采业对其的成本影响波及效应路径分析和波及速率。从表6-21中可以看出，石油开采业对金属矿采选业的成本影响波及路径中，不经过其他产业的直接波及路径比例只有10.49%；通过石油加工业这一中间路径对金属矿采选业的波及路径比例达到了37.32%，传导速率较快，达到了0.8581；通过电力、热力的生产和供应业，交通运输及仓储业，化学工业，通用、专用设备制造业这些中间路径对金属矿采选业的波及路径比例分别为11.17%、6.69%、6.52%和4.62%，波及速率分别为0.1276、0.0158、0.1535和0.0132；而通过金属矿采选业自身的波及路径比例也达到了10.31%，波及速率为0.1049。

将石油开采业对金属矿采选业成本影响波及效应中各条波及路径的波及速率按照路径所占比例进行加权平均，得到的总体波及速率为0.4892。表6-26显示了石油开采业对前面分析的8个部门的总体波及速率的排序。

由表6-26可以看出，石油开采业对石油加工业的总体波及速率最高，达到了0.9217；其次是燃气生产和供应业，高达0.9175；对交通运输及仓储业的总体波及速率也达到了0.7188。

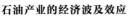
表 6-18 石油开采业对石油加工业成本影响波及效应的路径分析

路径	全部成本影响波及效应	路径成本影响波及效应	所占比例(%)	累计比例(%)	路径波及速率	总体波及速率
石油加工业←石油开采业		0.05278	85.81	85.81	1.0000	
石油加工业←石油开采业←石油开采业		0.00365	5.93	91.74	0.1947	
石油加工业←石油加工业←石油开采业	0.06151	0.00354	5.76	97.50	0.8581	0.9217
石油加工业←交通运输及仓储业←石油开采业		0.00035	0.56	98.06	0.0158	

表 6-19 石油开采业对燃气生产和供应业成本影响波及效应的路径分析

路径	全部成本影响波及效应	路径成本影响波及效应	所占比例(%)	累计比例(%)	路径波及速率	总体波及速率
燃气生产和供应业←石油开采业		0.046777	84.70	84.70	1.0000	
燃气生产和供应业←石油开采业←石油开采业	0.05523	0.003232	5.85	90.55	0.1947	0.9175
燃气生产和供应业←石油加工业←石油开采业		0.001330	2.41	92.96	0.8581	

表 6-20 石油开采业对交通运输及仓储业成本影响波及效应的路径分析

路径	全部成本影响波及效应	路径成本影响波及效应	所占比例（%）	累计比例（%）	路径波及速率	总体波及速率
交通运输及仓储业←石油开采业	0.01416	0.000224	1.58	1.58	1.0000	0.7188
交通运输及仓储业←石油加工业←石油开采业		0.011462	80.93	82.51	0.8581	
交通运输及仓储业←交通运输及仓储业←石油开采业		0.000966	6.82	89.33	0.0158	
交通运输及仓储业←交通运输设备制造业←石油开采业		0.000410	2.90	92.23	0.0112	

表 6-21 石油开采业对金属矿采选业成本影响波及效应的路径分析

路径	全部成本影响波及效应	路径成本影响波及效应	所占比例（%）	累计比例（%）	路径波及速率	总体波及速率
金属矿采选业←石油开采业	0.01010	0.000059	10.49	10.49	1.0000	0.4892
金属矿采选业←石油加工业←石油开采业		0.003769	37.32	47.81	0.8581	
金属矿采选业←电力,热力的生产和供应业←石油开采业		0.001128	11.17	58.98	0.1276	
金属矿采选业←金属矿采选业←石油开采业		0.001042	10.31	69.29	0.1049	
金属矿采选业←交通运输及仓储业←石油开采业		0.000675	6.69	75.98	0.0158	
金属矿采选业←化学工业←石油开采业		0.000659	6.52	82.50	0.1535	
金属矿采选业←通用,专用设备制造业←石油开采业		0.000466	4.62	87.12	0.0132	

表 6-22 石油开采业对化学工业成本影响波及效应的路径分析

路径	全部成本影响波及效应	路径成本影响波及效应	所占比例(%)	累计比例(%)	路径波及速率	总体波及速率
化学工业←石油开采业		0.002159	15.35	15.35	1.0000	
化学工业←化学工业←石油开采业		0.005858	41.64	56.99	0.1535	
化学工业←石油加工业←石油开采业	0.01407	0.003905	27.76	84.75	0.8581	0.4720
化学工业←交通运输及仓储业←石油开采业		0.000346	2.46	87.21	0.0158	
化学工业←电力、热力的生产和供应业←石油开采业		0.000395	2.81	90.02	0.1276	

表 6-23 石油开采业对金属冶炼及压延加工业成本影响波及效应的路径分析

路径	全部成本影响波及效应	路径成本影响波及效应	所占比例(%)	累计比例(%)	路径波及速率	总体波及速率
金属冶炼及压延加工业←石油开采业		0.000271	2.83	2.83	1.0000	
金属冶炼及压延加工业←金属冶炼及压延加工业←石油开采业	0.00956	0.003219	33.67	36.50	0.0283	0.3251
金属冶炼及压延加工业←石油加工业←石油开采业		0.002832	29.62	66.12	0.8581	

续表

路径	全部成本影响波及效应	路径成本影响波及效应	所占比例（%）	累计比例（%）	路径波及速率	总体波及速率
金属冶炼及压延加工业←金属矿采选业←石油开采业		0.001449	15.15	81.27	0.1049	
金属冶炼及压延加工业←电力、热力的生产和供应业←石油开采业		0.000392	4.10	85.37	0.1276	
金属冶炼及压延加工业←交通运输及仓储业←石油开采业	0.00956	0.000296	3.10	88.47	0.0158	0.3251
金属冶炼及压延加工业←通用、专用设备制造业←石油开采业		0.000209	2.18	90.65	0.0132	
金属冶炼及压延加工业←化学工业←石油开采业		0.000183	1.92	92.57	0.1535	

表6-24 石油开采业对电力、热力的生产和供应业成本影响波及效应的路径分析

路径	全部成本影响波及效应	路径成本影响波及效应	所占比例（%）	累计比例（%）	路径波及速率	总体波及速率
电力、热力的生产和供应业←石油开采业		0.001068	12.76	12.76	1.0000	
电力、热力的生产和供应业←电力、热力的生产和供应业←石油开采业	0.00837	0.003001	35.87	48.63	0.1276	0.4396

续表

路径	全部成本影响波及效应	路径成本影响波及效应	所占比例（%）	累计比例（%）	路径波及速率	总体波及速率
电力、热力的生产和供应业←石油加工业←石油开采业	0.00837	0.002490	29.76	78.39	0.8581	0.4396
电力、热力的生产和供应业←煤炭开采和洗选业←石油开采业		0.000499	5.96	84.35	0.0184	
电力、热力的生产和供应业←电气、机械及器材制造业←石油开采业		0.000380	4.54	88.89	0.0069	
电力、热力的生产和供应业←交通运输及仓储业←石油开采业		0.000162	1.93	90.82	0.0158	

表6-25　石油开采业对农林牧渔业成本影响波及效应的路径分析

路径	全部成本影响波及效应	路径成本影响波及效应	所占比例（%）	累计比例（%）	路径波及速率	总体波及速率
农业←石油开采业	0.00291	0.000003	0.09	0.09	1.0000	0.2134
农业←化学工业←石油开采业		0.001073	36.83	36.92	0.1535	
农业←石油加工业←石油开采业		0.000496	17.03	53.94	0.8581	
农业←农业←石油开采业		0.000410	14.07	68.01	0.0009	
农业←食品制造及烟草加工业←石油开采业		0.000339	11.65	79.66	0.0282	
农业←交通运输及仓储业←石油开采业		0.000222	7.61	87.27	0.0158	

表 6 – 26　石油开采业对 8 个主要部门的总体波及速率排序

排名	产业名称	总体波及速率
1	石油加工业	0.9217
2	燃气生产和供应业	0.9175
3	交通运输及仓储业	0.7188
4	金属矿采选业	0.4892
5	化学工业	0.4720
6	电力、热力的生产和供应业	0.4396
7	金属冶炼及压延加工业	0.3251
8	农林牧渔业	0.2134

三　石油加工业对特定产业成本影响波及效应的路径分析

根据表 6 – 17，本书选取受石油加工业成本影响波及效应最大的 5 个部门进行路径分析：交通运输及仓储业、化学工业、金属冶炼及压延加工业、金属矿采选业、建筑业，此外还选取了电力、热力的生产和供应业，燃气生产和供应业，农林牧渔业这 3 个与居民生活密切相关的行业进行路径分析。

表 6 – 27 至表 6 – 34 显示了石油加工业对 8 个部门的成本影响波及效应在第二层次上的路径分析以及波及速率。下面以建筑业为例，说明石油加工业对其的成本影响波及效应路径分析和波及速率。从表 6 – 31 中可以看出，石油加工业对建筑业的成本影响波及路径中，不经过其他产业的直接波及路径比例有 17.07%，主要通过非金属矿物制品业、金属冶炼及压延加工业、交通运输及仓储业三个中间路径进行波及，这三条波及路径的比例分别为 20.43%、19.54% 和 15.88%，波及速率分别是 0.2674、0.3116 和 0.7469，这三条路径加上直接波及路径的累计波及效应比例达到 72.92%。其他比较重要

表 6－27　石油加工业对交通运输及仓储业成本影响波及效应的路径分析

路径	全部成本影响波及效应	路径成本影响波及效应	所占比例（%）	累计比例（%）	路径波及速率	总体波及速率
交通运输及仓储业←石油加工业	0.02199	0.016428	74.69	74.69	1.0000	0.8551
交通运输及仓储业←石油加工业←石油加工业		0.002209	10.04	84.73	0.4285	
交通运输及仓储业←交通运输及仓储业←石油加工业		0.001500	6.82	91.55	0.7469	
交通运输及仓储业←交通运输设备制造业←石油加工业		0.000527	2.40	93.95	0.0483	

表 6－28　石油加工业对金属冶炼及压延加工业成本影响波及效应的路径分析

路径	全部成本影响波及效应	路径成本影响波及效应	所占比例（%）	累计比例（%）	路径波及速率	总体波及速率
金属冶炼及压延加工业←石油加工业	0.01303	0.004058	31.16	31.16	1.0000	0.5515
金属冶炼及压延加工业←金属冶炼及压延加工业←石油加工业		0.004385	33.67	64.82	0.3116	
金属冶炼及压延加工业←金属矿采选业←石油加工业		0.001794	13.77	78.59	0.4321	
金属冶炼及压延加工业←石油加工业←石油加工业		0.000546	4.19	82.78	0.4285	
金属冶炼及压延加工业←电力,热力的生产和供应←石油加工业		0.000467	3.58	86.36	0.3586	
金属冶炼及压延加工业←交通运输及仓储业←石油加工业		0.000460	3.53	89.89	0.7469	
金属冶炼及压延加工业←通用,专用设备制造业←石油加工业		0.000276	2.12	92.01	0.1012	

表 6－29　石油加工业对化学工业成本影响波及效应的路径分析

路径	全部成本影响波及效应	路径成本影响波及效应	所占比例（%）	累计比例（%）	路径波及速率	总体波及速率
化学工业←石油加工业		0.005597	36.31	36.31	1.0000	
化学工业←化学工业←石油加工业		0.006419	41.64	77.95	0.3631	
化学工业←石油加工业←石油加工业	0.01541	0.000753	4.88	82.84	0.4285	0.5954
化学工业←交通运输及仓储业←石油加工业		0.000538	3.49	86.33	0.7469	
化学工业←电力、热力的生产和供应业←石油加工业		0.000470	3.05	89.38	0.3586	

表 6－30　石油加工业对金属矿采选业成本影响波及效应的路径分析

路径	全部成本影响波及效应	路径成本影响波及效应	所占比例（%）	累计比例（%）	路径波及速率	总体波及速率
金属矿采选业←石油加工业		0.005402	43.21	43.21	1.0000	
金属矿采选业←电力、热力的生产和供应业←石油加工业		0.001342	10.73	53.94	0.3586	
金属矿采选业←金属矿采选业←石油加工业		0.001290	10.31	64.25	0.4321	
金属矿采选业←交通运输及仓储业←石油加工业	0.01250	0.001049	8.39	72.64	0.7469	0.6477
金属矿采选业←石油加工业←石油加工业		0.000726	5.81	78.45	0.4285	
金属矿采选业←化学工业←石油加工业		0.000722	5.77	84.22	0.3631	
金属矿采选业←通用、专用设备制造业←石油加工业		0.000617	4.93	89.15	0.1012	

表 6-31 石油加工业对建筑业成本影响波及效应的路径分析

路径	全部成本影响波及效应	路径成本影响波及效应	所占比例（%）	累计比例（%）	路径波及速率	总体波及速率
建筑业←石油加工业	0.01043	0.001781	17.07	17.07	1.0000	0.4605
建筑业←非金属矿物制品业←石油加工业		0.002132	20.43	36.60	0.2674	
建筑业←金属冶炼及压延加工业←石油加工业		0.002039	19.54	57.04	0.3116	
建筑业←交通运输及仓储业←石油加工业		0.001657	15.88	72.92	0.7469	
建筑业←化学工业←石油加工业		0.000603	5.78	78.70	0.3631	
建筑业←电气，机械及器材制造业←石油加工业		0.000391	3.74	82.44	0.0436	
建筑业←金属制品业←石油加工业		0.000351	3.36	85.80	0.0881	
建筑业←通用，专用设备制造业←石油加工业		0.000255	2.44	88.24	0.1012	

表 6-32 石油加工业对燃气生产和供应业成本影响波及效应的路径分析

路径	全部成本影响波及效应	路径成本影响波及效应	所占比例（%）	累计比例（%）	路径波及速率	总体波及速率
燃气生产和供应业←石油加工业	0.00816	0.001907	23.36	23.36	1.0000	0.5406
燃气生产和供应业←石油开采业←石油加工业		0.003694	45.26	68.62	0.4500	
燃气生产和供应业←交通运输及仓储业←石油加工业		0.000524	6.42	75.04	0.7469	
燃气生产和供应业←煤炭开采和洗选业←石油加工业		0.000407	4.99	80.03	0.1918	
燃气生产和供应业←石油加工业←燃气生产和供应业←石油加工业		0.000256	3.14	83.17	0.4285	
燃气生产和供应业←燃气生产和供应业←石油加工业		0.000362	4.43	87.60	0.2336	
燃气生产和供应业←电力，热力的生产和供应业←石油加工业		0.000166	2.03	89.63	0.3586	

表 6-33 石油加工业对电力、热力的生产和供应业成本影响波及效应的路径分析

路径	全部成本影响波及效应	路径成本影响波及效应	所占比例（%）	累计比例（%）	路径波及速率	总体波及速率
电力,热力的生产和供应业←石油加工业		0.003569	35.86	35.86	1.0000	
电力,热力的生产和供应业←电力,热力的生产和供应业←石油加工业		0.003570	35.87	71.73	0.3586	
电力,热力的生产和供应业←煤炭开采和洗选业←石油加工业	0.00995	0.000678	6.81	78.54	0.1918	0.5582
电力,热力的生产和供应业←电气,机械及器材制造业←石油加工业		0.000492	4.94	83.48	0.0436	
电力,热力的生产和供应业←石油加工业		0.000480	4.82	88.30	0.4285	
电力,热力的生产和供应业←交通运输及仓储业←石油加工业		0.000251	2.52	90.82	0.7469	

表 6-34 石油加工业对农林牧渔业成本影响波及效应的路径分析

路径	全部成本影响波及效应	路径成本影响波及效应	所占比例（%）	累计比例（%）	路径波及速率	总体波及速率
农业←石油加工业		0.000711	18.88	18.88	1.0000	
农业←化学工业←石油加工业		0.001176	31.23	50.11	0.3631	
农业←农业←石油加工业		0.000530	14.07	64.18	0.1888	
农业←食品制造及烟草加工业←石油加工业	0.00376	0.000428	11.38	75.56	0.0616	0.4403
农业←交通运输及仓储业←石油加工业		0.000344	9.14	84.70	0.7469	
农业←电力,热力的生产和供应业←石油加工业		0.000093	2.48	87.18	0.3586	
农业←批发和零售贸易业←石油加工业		0.000064	1.69	88.87	0.0905	

的中间波及路径有化学工业，电气、机械及器材制造业，金属制品业，通用、专用设备制造业，波及路径比例分别为 5.78%、3.74%、3.36% 和 2.44%。

将石油加工业对建筑业成本影响波及效应中各条波及路径的波及速率按照路径所占比例进行加权平均，得到的总体波及速率为0.4605。表 6-35 显示了石油加工业对前面分析的 8 个部门的总体波及速率排序。

表 6-35　石油加工业对 8 个主要部门的总体波及速率排序

排名	产业名称	总体波及速率
1	交通运输及仓储业	0.8551
2	金属矿采选业	0.6477
3	化学工业	0.5954
4	电力、热力的生产和供应业	0.5582
5	金属冶炼及压延加工业	0.5515
6	燃气生产和供应业	0.5406
7	建筑业	0.4605
8	农林牧渔业	0.4403

由表 6-35 可以看出，石油开采业对交通运输及仓储业的总体波及速率最高，达到 0.8551；其次是金属矿采选业和化学工业，分别达到了 0.6477 和 0.5954。

对比石油开采业和石油加工业的成本影响波及速率，除了燃气生产和供应业外，石油加工业的总体波及速率明显要高于石油开采业的总体波及速率。

本书同时还计算了石油开采业和石油加工业在 2002 年对主要行业的总体波及速率，以便与 2007 年的数值对比，如表 6-36 和表6-37 所示。

表6－36 石油开采业在2002年和2007年对主要行业的总体波及速率对比

产业名称	2007年总体波及速率	2002年总体波及速率
石油加工业	0.9217	0.9566
交通运输及仓储业	0.7188	0.7337
金属矿采选业	0.4892	0.5991
化学工业	0.4720	0.4174
电力、热力的生产和供应业	0.4396	0.6255
金属冶炼及压延加工业	0.3251	0.3758
农林牧渔业	0.2134	0.3187

表6－37 石油加工业在2002年和2007年对主要行业的总体波及速率对比

产业名称	2007年总体波及速率	2002年总体波及速率
交通运输及仓储业	0.8551	0.9174
金属矿采选业	0.6477	0.7897
化学工业	0.5954	0.7312
电力、热力的生产和供应业	0.5582	0.7491
金属冶炼及压延加工业	0.5515	0.6557
燃气生产和供应业	0.5406	0.7064
建筑业	0.4605	0.6423
农林牧渔业	0.4403	0.5738

从表6－36和表6－37中不难发现，在总体上，无论是石油开采业还是石油加工业，石油产业在2007年的波及速率要低于2002年。由于波及速率主要受产业间接消耗关系复杂度影响，波及速率的降低也说明了国民经济各产业互为依赖、互相影响的程度有所加深。

石油开采业对其他产业间接传导的最主要路径基本上是通过石油加工业来完成的。石油加工业对其他产业间接传导的主要路径因产业不同而有所差异。传导路径的研究分析有助于政府部门在应对油价上涨制定相关政策（如补贴政策）时更具有针对性。总体而言，石油加工业对产业的传导速率要明显高于石油开采业对产业的传导速率。

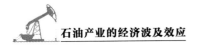

第五节　本章小结

　　本章对石油产业波及路径分析进行了两个层次上的定义：石油产业对国民经济波及效应的产业路径分析和石油产业对某个特定产业波及效应的波及过程分析。同时，对如何分析计算进行了研究思路说明；分析了石油产业作为产品购买者对其他产业间接波及效应、诱发波及效应的波及路径分析；分析了石油产业作为产品供应者对特定产业的成本影响波及效应的路径分析。

　　石油产业波及效应的路径分析以及波及速率计算有利于更好地理解石油产业对国民经济在各个层次上的波及效应，也有利于国家相关决策部门的政策制定，比如石油产业作为产品供应者对特定产业的成本影响波及效应的路径分析以及波及速率计算有利于政府部门在应对油价上涨制定相关政策（尤其是补贴政策）时更具有针对性。

第七章
石油产业波及效应的经济控制分析

本书在第五章中已经提及，越来越大的石油产业波及效应具有两面性。一方面，石油产业作为基础能源产业对国民经济发展起着越来越大的作用；另一方面，由于我国是一个石油净进口国，石油对外依存度在不断提高，越来越大的波及效应也就意味着我国受国外石油市场的影响越来越大，进口石油在支撑我国国民经济发展的同时也带来了很多潜在的不良波及效应。因此，采取有效对策让石油产业波及效应向健康方向发展具有越来越现实而重要的意义。

1945 年美国数学家维纳出版了专著——《控制论：或关于在动物和机器中控制和通讯的科学》，这标志着控制论这门学科的诞生。经济控制论是一门新兴的经济管理学科，主要是应用控制论思想和方法来研究社会经济系统的活动规律，它是控制论与经济学融合发展的结晶，它为探讨和解决社会经济系统的功能、结构、效率等问题提供了科学的方法。

就石油产业而言，目前经济控制理论在这一领域的研究较少，石油产业波及效应的经济控制研究则更少。石油产业波及效应的经济控制应包括两个层次的内涵：第一层次是石油产业系统内部，要求石油产业在勘探、开发、炼油、化工、销售等环节协调发展，系统要有控制、反馈功能；第二层次是石油产业与国民经济其他产业，要求石油产业与国民经济其他产业应有协调发展的控制反馈机制，整个经济系统具有能控性，避免出现产业间不协调发展的情况。本书重点探讨第二个层次，并在此基础上研究如何设计合理的政策措施使得石油产业与其他产业构成的国民经济系统具有更好的系统性能。只有石油产业－国民经济系统具备良好的系统性能，石油产业带来的积极波及效应才能得以提高，其带来的不良波及效应才能得以降低，整个国民经济才能健康发展。

第一节　石油产业－国民经济系统模型的建立及其状态空间描述

一　石油产业－国民经济系统模型的建立

为了建模方便和突出石油产业，本书将国民经济分为第一产业、石油产业、非石油第二产业、第三产业四大部门。按照顺序，将这四大部门分别编号为 1、2、3、4。

在开放经济条件下，国民经济总产出主要用于该年的中间消耗投入、固定资产投资、消费和国际贸易。其平衡方程如下：

$$x(k) = Ax(k) + I(k) + C(k) + T(k) \tag{7.1}$$

其中，$x(k)$ 是 k 年的总产出矩阵，A 为直接消耗系数矩阵，$I(k)$ 是 k 年的固定资产投资矩阵，$C(k)$ 是 k 年的消费矩阵，$T(k)$ 是 k 年的净出口矩阵。

假定 $k+1$ 年要使用的固定资产为 $Bx(k+1)$，则 k 年要使用的固定资产为 $Bx(k)$，B 为资本系数矩阵。在考虑 k 年固定资产折旧 $z(k)$ 的前提下，下一年度的固定资产增加是通过当年进行固定资产投资来实现的，公式如下：

$$Bx(k + 1) = Bx(k) + I(k) - z(k) \qquad (7.2)$$

公式可以进一步改写如下：

$$I(k) = B[x(k + 1) - x(k)] + z(k) \qquad (7.3)$$

代入公式（7.1），可以得到：

$$x(k) = Ax(k) + B[x(k + 1) - x(k)] + z(k) + C(k) + T(k) \qquad (7.4)$$

采用固定资产折旧系数矩阵 Z 来表示固定资产折旧，固定资产折旧系数矩阵 Z 为对角矩阵，表达形式如下：

$$Z = \begin{bmatrix} z_{11} & & & \\ & z_{22} & & \\ & & z_{33} & \\ & & & z_{44} \end{bmatrix} \qquad (7.5)$$

其中，z_{11} 表示产业 1 的固定资产折旧占总产出的比例，矩阵中其他元素为 0。

所以，k 年固定资产折旧 $z(k)$ 可以表达如下：

$$z(k) = Zx(k) \qquad (7.6)$$

代入公式（7.4），可以得到：

$$x(k) = Ax(k) + B[x(k + 1) - x(k)] + Zx(k) + C(k) + T(k) \qquad (7.7)$$

公式（7.7）与传统动态投入产出模型 $x(k) = Ax(k) + B[x(k + 1) - x(k)] + C(k)$ 的主要区别在于公式（7.7）考虑了固定资产折旧和开放经济中的国际进出口贸易。

二　石油产业 – 国民经济系统的状态空间描述

在公式（7.7）中，假设石油产业 – 国民经济系统平稳运行，则消费和净出口成为影响经济的主要因素，故令 $u(k) = C(k) + T(k)$，则公式（7.7）可以改写如下：

$$x(k) = Ax(k) + B[x(k + 1) - x(k)] + Zx(k) + u(k) \qquad (7.8)$$

由于公式（7.8）不是标准的状态空间形式，为了更好地分析系统的能控性、能观测性等性质，需要将公式（7.8）化为标准的状态空间形式。状态空间法是现代控制理论的基本研究方法，它可以描述系统的输入－状态－输出诸变量之间的因果关系。系统的状态空间描述是由该系统的状态方程和输出方程组成的。公式（7.8）可以改成如下：

$$Bx(k+1) = (I - A - Z + B)x(k) - u(k) \qquad (7.9)$$

由于无法判断矩阵 B 是否为非奇异矩阵，即 B^{-1} 是否存在，因此在得到系统的状态空间描述前需要对矩阵 B 进行进一步分析。

资本系数矩阵 $B = (b_{ij})_{4 \times 4}$ 中 b_{ij} 代表第 j 部门单位增产所需的第 i 部门的投资额。由于国家统计局没有类似的统计数据公布，因此通常采用估算的方法间接得到该矩阵，目前比较常用的计算方法如下：

$$b_{ij} = \frac{\Delta s_i a_{ij}}{\Delta x_j} \qquad (7.10)$$

其中，x_j 表示第 j 部门的总产出，s_i 表示第 i 部门的投资额，a_{ij} 为直接消耗系数。

根据公式（7.10）和国家统计局公布的分行业固定资产投资等相关统计数据，计算资本系数矩阵 B 如下：

$$B = \begin{bmatrix} 0.016905 & 0.000003 & 0.000368 & 0.000475 \\ 0.001794 & 0.108017 & 0.000414 & 0.002696 \\ 0.660203 & 0.653461 & 0.132933 & 0.204929 \\ 0.239513 & 0.270389 & 0.023888 & 0.227166 \end{bmatrix} \qquad (7.11)$$

经计算，资本系数矩阵 B 的秩为满秩 4，即 $R(B) = 4$，所以资本系数矩阵 B 可逆，即 B^{-1} 存在。公式（7.9）可以进一步改写从而得到石油产业－国民经济系统的状态空间描述：

$$\begin{cases} x(k+1) = B^{-1}(I - A - Z + B)x(k) - B^{-1}u(k) \\ y(k) = x(k) \end{cases} \qquad (7.12)$$

其中，$x(k) \in R^{4 \times 1}$ 目标/状态向量，$u(k) \in R^{4 \times 1}$ 政策/控制向量。在投入产出平衡的前提下，总供给等于总产出，则输出向量 $y(k)$ 等于目标向量 $x(k)$。

令矩阵 $B^{-1}(I - A - Z + B)$ 为 M，矩阵 $-B^{-1}$ 为 N，则公式（7.12）可以改写如下：

$$\begin{cases} x(k+1) = Mx(k) + Nu(k) \\ y(k) = x(k) \end{cases} \tag{7.13}$$

公式（7.12）中直接消耗系数矩阵 A 和固定资产折旧系数矩阵 Z 的计算结果如下。

以最新的 2007 年投入产出表为基准，参考国家统计局的产业划分，将 2007 年投入产出表合并简化成前面所述的四部门投入产出表。根据直接消耗系数的计算公式得出直接消耗系数矩阵 A 如下：

$$A = \begin{bmatrix} 0.140657 & 0.000021 & 0.045553 & 0.13255 \\ 0.008091 & 0.444095 & 0.027740 & 0.040751 \\ 0.201747 & 0.182017 & 0.604136 & 0.209858 \\ 0.063343 & 0.065180 & 0.093955 & 0.201327 \end{bmatrix} \tag{7.14}$$

由于国家统计局没有直接公布固定资产的相关折旧数据，本书采用第五章第三节中的方法，即根据会计学基本原理来对比固定资产净值平均余额与固定资产原价，进而计算得出四大部门的固定资产折旧。国家统计局只公布了工业分行业的固定资产净值平均余额与固定资产原价数据，而没有公开第一产业和第三产业的相关数据。由于税法对房屋、建筑物、机器、机械等固定资产的折旧计提方法有明确而相对稳定的规定，本书参照工业全行业的平均固定资产折旧系数来推算其他产业的固定资产折旧额，估算公式如下：

$$z_i = I_i \times \frac{z_{工业}}{I_{工业}} \tag{7.15}$$

其中，z_i 是 i 行业的固定资产折旧额，I_i 是 i 行业的固定资产投资额，$z_{工业}$ 是工业全行业的固定资产折旧额，$I_{工业}$ 是工业全行业的固定资

产投资额。

在得到各行业固定资产折旧的基础上，将其除以合并后的四部门2007 年投入产出表中的各产业总产出值，计算得出固定资产折旧系数矩阵 Z，如下：

$$Z = \begin{bmatrix} 0.007340 & & & \\ & 0.071228 & & \\ & & 0.018848 & \\ & & & 0.083287 \end{bmatrix} \qquad (7.16)$$

三 石油产业－国民经济系统模型的重构

尽管通过本节第一部分和第二部分，石油产业－国民经济系统模型及模型主要参数已经被确定，但在接下来的系统特性分析和系统反馈控制分析中发现模拟分析结果与现实结果差距很大，与当前国民经济的总体发展形势明显不相符。因此，本书前面建立的石油产业－国民经济系统在实际计算分析中存在一定问题。

经过仔细查找分析，发现问题来自资本系数矩阵 B。公式（7.10）用直接消耗系数来确定各产业的投资来源，与现实情况相差很大。因为直接消耗系数衡量了一个产业对其他产业的产品和服务的综合消耗，用其来类推投资的假设性太强，不符合客观现实。

资本系数矩阵在动态投入产出模型中至关重要，动态投入产出模型正是通过资本系数矩阵来引入时间变化的动态概念，从而使得模型符合国民经济的实际运行状态。因此，能否相对合理地确定资本系数矩阵直接关系到动态投入产出模型分析的准确性。由于资本系数矩阵很难在实际经济运行中被观察和统计，所以国家统计局没有也无法公布各产业投资的部门来源。资本系数矩阵是列昂惕夫在提出动态投入产出模型时为了建模所需而产生的。正是因为资本系数矩阵难以合理确定，才使得动态投入产出模型的运用远远不及静态投入产出模型。

本书在对传统资本系数矩阵进行问题分析的基础上，重新对资本系数矩阵进行改进，使改进后的资本系数矩阵解决了上述存在的问题。

主要思路如下。

在计算分析前面建立的石油产业－国民经济系统时，事实上并不需要知道投资的部门来源，只是列昂惕夫建模所需才对投资进行部门来源的划分。但是，各部门单位产出所需要的不分部门来源的总投资可以很容易得到，即传统资本系数矩阵的各列之和可以很容易得到，也相对准确。因此，本书尝试将传统资本系数矩阵 j 列的列和作为新资本系数矩阵中 j 行的数值，为保证矩阵的顺利运算，新资本系数矩阵仍要保持 4 列，因此新资本系数矩阵 B' 可以变成对角矩阵如下：

$$B' = \begin{bmatrix} \sum\limits_{i=1}^{4} b'_{i1} & & & \\ & \sum\limits_{i=1}^{4} b'_{i2} & & \\ & & \sum\limits_{i=1}^{4} b'_{i3} & \\ & & & \sum\limits_{i=1}^{4} b'_{i4} \end{bmatrix} \tag{7.17}$$

但是，如果采用公式（7.17）中的新资本系数矩阵形式，就不符合传统动态投入产出模型中关于资本系数的定义，运算结果也会大相径庭，需要对传统动态投入产出模型进行修改。本书尝试从投入产出表的列方向而不是公式（7.7）中的行方向出发，对传统动态投入产出模型进行完善补充，从而避免传统投入产出模型遇到上述问题。

投入产出表列方向主要显示了国民经济各部门的"投入"情况。所谓"投入"是指任何一个部门在生产过程中所消耗的各种投入要素，包括中间投入和最初投入。中间投入是指各部门在生产或提供货物和服务过程中所消耗的所有非固定资产货物和服务价值；最初投入是指机器设备厂房等投入提取的固定资产折旧、劳动力、利润和税金等，最初投入又被称为增加值。

从投入产出表的列方向出发，重新构建动态投入产出模型并在此基础上构建石油产业－国民经济系统，具体过程如下。

与前面相同，仍将国民经济分为第一产业、石油产业、非石油第二产业和第三产业四大部门；部门编号依次为 1、2、3、4。投入产出列关系表达式为"总投入 = 中间投入 + 最初投入"。以部门 j 为例，其平衡方程如下：

$$x_j = \sum_{i=1}^{4} a_{ij}x_j + v_j \tag{7.18}$$

其中，x_j 是 j 部门的总投入，a_{ij} 为直接消耗系数，v_j 是 j 部门的最初投入。

由于生产性投资所形成的固定资产对产出的贡献不仅仅局限在当年，而是在其整个生命周期中。因此需要将该贡献分摊在每年，而投入产出表最初投入中的机器设备厂房等投入提取的固定资产折旧恰恰反映了这一点。因此，可以将最初投入分为两个部门：生产投资性最初投入和非生产投资性最初投入。所谓"生产投资性最初投入"是指机器设备厂房等生产性投入提取固定资产折旧而作为最初投入的一部分。所以 v_j 可以进一步表达如下：

$$v_j = u_j + w_j \tag{7.19}$$

其中，u_j 是 j 部门的生产投资性最初投入，w_j 是 j 部门的非生产投资性最初投入。

所以，公式（7.18）可以被改写如下：

$$x_j = \sum_{i=1}^{4} a_{ij}x_j + u_j + w_j \tag{7.20}$$

将公式（7.20）写成矩阵形式如下：

$$X = \overset{\Lambda}{A}X + U + W \tag{7.21}$$

其中，X 为总投入矩阵，$\overset{\Lambda}{A}$ 为直接消耗系数对角矩阵，U 为生产投资性最初投入矩阵，W 为非生产投资性最初投入矩阵。

参考传统投入产出模型的基本原理，本书引进生产投资性最初投入资本系数矩阵 B'，并引入时间概念，使得公式（7.21）中的模型具有动态投入产出模型的基本特征。

假定 $k+1$ 年要使用的生产投资性最初投入为 $B'X(k+1)$，则 k 年要使用的生产投资性最初投入为 $B'X(k)$。下一年度的生产投资性最初投入增加是通过当年进行的生产投资性最初投入来实现的，公式如下：

$$B'X(k+1) = B'X(k) + U(k) \tag{7.22}$$

公式（7.22）可以进一步改写如下：

$$U(k) = B'[X(k+1) - X(k)] \tag{7.23}$$

代入公式（7.21），可以得到：

$$X(k) = \overset{\Lambda}{A}X(k) + B'[X(k+1) - X(k)] + W(k) \tag{7.24}$$

具体表达形式如下：

$$X(k) = \begin{bmatrix} x_1(k) \\ x_2(k) \\ x_3(k) \\ x_4(k) \end{bmatrix}; U(k) = \begin{bmatrix} u_1(k) \\ u_2(k) \\ u_3(k) \\ u_4(k) \end{bmatrix}; W(k) = \begin{bmatrix} w_1(k) \\ w_2(k) \\ w_3(k) \\ w_4(k) \end{bmatrix} \tag{7.25}$$

$$\overset{\Lambda}{A} = \begin{bmatrix} \sum_{i=1}^{4} a_{i1} & & & \\ & \sum_{i=1}^{4} a_{i2} & & \\ & & \sum_{i=1}^{4} a_{i3} & \\ & & & \sum_{i=1}^{4} a_{i4} \end{bmatrix} \tag{7.26}$$

最初投入资本系数矩阵 B' 的表达式见公式（7.17）。公式（7.24）与传统动态投入产出模型 $x(k) = Ax(k) + B[x(k+1) - x(k)] + C(k)$ 相比，主要优势如下。

首先，避免了传统资本系数不可逆带来的诸多困难。建立了全新的生产投资性最初投入资本系数矩阵 B'，由于该矩阵是对角矩阵，不会存在资本系数不可逆的问题。

其次，避免了传统资本系数由于强调投资的具体部门来源而带来的不准确性。事实上，在研究分析动态投入产出模型时，并不需要投资的具体部门来源，而传统投入产出模型对投资的具体部门来源划分都存在众多假设条件，从而使之与实际情况相差甚远，最终的模拟结果也不符合实际情况。由于本书建立的最初投入资本系数矩阵是对角阵，其元素表示某部门所需要的来自所有部门的资本系数总和，而没有进行细分，从而避免了传统资本系数由于强调投资的具体部门来源而带来的不准确性。

最后，本书所建模型是对传统动态投入产出模型的一个有益补充。公式（7.24）是从投入产出表总投入的角度进行模型构建的，其建模思路符合投入产出的基本经济理论，在理论上有根据。传统动态投入产出模型是从总产出的角度进行模型构建的。尽管总产出和总投入在数值上相等，但两者的出发点和分析重点有所区别。因此，本书所建模型也是对传统动态投入产出模型的一个有益补充。

由于公式（7.24）不是标准的状态空间形式，因此需要将其化为标准的状态空间形式以便更好地分析系统的系统性质。公式（7.24）可以改成如下：

$$B'X(k+1) = (I - \hat{A} + B')X(k) - W(k) \tag{7.27}$$

由于生产投资性最初投入资本系数矩阵 B' 为对角矩阵，所以 B'^{-1} 存在。公式（7.27）可以进一步改写如下：

$$\begin{cases} X(k+1) = B'^{-1}(I - \hat{A} + B')X(k) - B'^{-1}W(k) \\ Y(k) = X(k) \end{cases} \tag{7.28}$$

其中，$X(k) \in R^{4\times1}$ 目标/状态向量，$W(k) \in R^{4\times1}$ 政策/控制向量。在投入产出平衡的前提下，总投入等于总产出，则输出向量 $Y(k)$ 等于目标向量 $X(k)$。

令矩阵 $B'^{-1}(I - \hat{A} + B')$ 为 M'，矩阵 $-B'^{-1}$ 为 N'，则公式（7.28）可以改写如下：

$$\begin{cases} X(k+1) = M'X(k) + N'W(k) \\ Y(k) = X(k) \end{cases} \tag{7.29}$$

将 2007 年投入产出表合并成四部门，计算传统的直接消耗系数矩阵。将直接消耗系数矩阵中各列的所有元素相加并放入相应的行［见公式（7.26）］，从而得到直接消耗系数对角矩阵 $\hat{A}$ 如下：

$$\hat{A} = \begin{bmatrix} 0.4138 & & & \\ & 0.6913 & & \\ & & 0.7714 & \\ & & & 0.4652 \end{bmatrix} \tag{7.30}$$

根据前面的定义阐述，生产投资性最初投入资本系数矩阵 B' 可以计算得到如下：

$$B' = \begin{bmatrix} 0.1570 & & & \\ & 0.1561 & & \\ & & 0.1245 & \\ & & & 0.5787 \end{bmatrix} \tag{7.31}$$

石油产业 – 国民经济系统状态空间方程中的 M' 矩阵和 N' 矩阵计算结果如下：

$$M' = \begin{bmatrix} 4.7346 & & & \\ & 2.9770 & & \\ & & 2.8364 & \\ & & & 1.9242 \end{bmatrix} \tag{7.32}$$

$$N' = \begin{bmatrix} -6.3712 & & & \\ & -6.4045 & & \\ & & -8.0326 & \\ & & & -1.7281 \end{bmatrix} \tag{7.33}$$

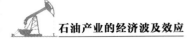

前面已经详细阐述了生产投资性最初投入资本系数矩阵 B' 的定义。为了避免某一年份生产投资性最初投入资本系数的波动，本书取 2002～2007 年这 5 年间的生产投资性最初投入资本系数平均值计算得出生产投资性最初投入资本系数矩阵 B' 如下：

$$B' = \begin{bmatrix} 0.2456 & & & \\ & 0.2165 & & \\ & & 0.1460 & \\ & & & 0.6336 \end{bmatrix} \qquad (7.34)$$

石油产业－国民经济系统状态空间方程中的 M' 矩阵和 N' 矩阵计算结果如下：

$$M' = \begin{bmatrix} 3.1703 & & & \\ & 2.3047 & & \\ & & 2.3640 & \\ & & & 1.7696 \end{bmatrix} \qquad (7.35)$$

$$N' = \begin{bmatrix} -3.7025 & & & \\ & -4.2267 & & \\ & & -5.9662 & \\ & & & -1.4390 \end{bmatrix} \qquad (7.36)$$

第二节　石油产业－国民经济系统的系统特性分析

在得到石油产业－国民经济系统的状态空间描述和状态空间中的相关矩阵数值后，可以根据经济控制论基本原理来判断分析系统的能控性和能观测性。

一　石油产业－国民经济系统的能控性判断

设线性定常离散经济系统如下：

$$\begin{cases} x(k+1) = M'x(k) + N'u(k) \\ y(k) = Px(k) + Qu(k) \end{cases} \qquad (7.37)$$

其中，$x(k) \in R^n$ 为目标向量（状态向量）；$u(k) \in R^m$ 为政策向量（控制向量）；$y(k) \in R^r$ 为产出向量（输出向量）；$M' \in R^{n \times n}$，$N' \in R^{n \times m}$，$P \in R^{r \times n}$，$Q \in R^{r \times m}$ 均为实常矩阵。

系统的能控性主要研究能否采用调整政策的方法使得经济系统达到预先设定的目标，这也是受控经济系统的基本问题之一。能控性问题可以分为状态能控性和输出能控性，下面分别进行讨论。

对于经济系统（7.37），如果能够采用调整政策向量 $u(k)$（$k = 0, 1, 2, \cdots, N-1$）的办法，从任意初始状态 $x(0) = x_0$（已知）出发，能够使目标向量 $x(k)$ 在某个时刻 $t(t > 0)$ 时，达到预先设定的目标 $x(t)$，则称系统是状态能控的，简称系统能控。

系统（7.37）状态能控的充分必要条件是矩阵 $L_n = [N' \ M'N' \ \cdots \ M'^{n-1}N']$ 的秩为 n，如下：

$$rank(L_n) = n \qquad (7.38)$$

L_n 被称为系统的能控性矩阵。

由于在实际经济运行中，有时候不需要控制系统的状态，而是需要控制系统的输出。这就需要研究经济系统的输出能控性，即研究系统逼近目标的可能性。

对于经济系统（7.37），如果能够采用调整政策向量 $u(k)$（$k = 0, 1, 2, \cdots, N-1$）的办法，从任意的初始状态 $x(0) = x_0$ 出发，能够使输出向量 $y(k)$ 在某个时刻 $t(t > 0)$ 时，达到预先设定的目标值 $y(t)$，则称系统是输出能控。经济系统（7.37）输出能控的充分必要条件是矩阵 $S_n = [PN' \ PM'N' \ \cdots \ PM'^{n-1}N'Q]$ 的秩为 r；当矩阵 $Q = 0$ 时，经济系统（7.37）输出能控的充分必要条件变为矩阵 $S_n = [PN \ PMN \ \cdots \ PM^{n-1}N]$ 的秩为 r，如下：

$$rank(S_n) = r \qquad (7.39)$$

S_n 被称为系统的输出能控性矩阵。

采用 MATLAB 对石油产业－国民经济系统［公式（7.29）］中的矩阵 L_n 和 S_n 的秩进行计算。其中，M' 和 N' 矩阵已经在前面的计算中

得到；P 矩阵和 Q 矩阵分别是单位矩阵 I 和 0 矩阵。计算结果如下：

$$rank(L_4) = rank([N' \quad M'N' \quad M'^2N' \quad M'^3N']) = 4$$

$$rank(S_4) = rank([PN' \quad PM'N' \quad PM'^2N' \quad PM'^3N']) = 4$$

根据系统状态能控判定条件（7.38）和系统输出能控判定条件（7.39），可以判定石油产业 – 国民经济系统是状态能控和输出能控的。

二 石油产业 – 国民经济系统的能观测性判断

能观测性是动态系统的另一个重要属性，主要研究能否根据系统的输出来确定系统的状态。对于经济系统来说，能观测性是指能否通过经济系统的经济因素观测量来确定经济系统运行状态的问题。

在经济系统（7.37）中，如果对于某个正整数 T，初始状态 $x(0)$ 能够由输出向量 $y(k)$（$k = 0,1,2,\cdots,T-1$）唯一确定，则该系统是能观测的。系统能观测的充分必要条件是矩阵 $R_n = [P^T \quad M'^T P^T \quad \cdots \quad (M'^T)^{n-1} P^T]$ 的秩为 n，如下：

$$rank(R_n) = n \tag{7.40}$$

R_n 被称为系统的能观测性矩阵。

采用 MATLAB 对石油产业 – 国民经济系统 [公式（7.29）] 中的矩阵 R_n 的秩进行计算，结果如下：

$$rank(R_4) = rank[P^T \quad M'^T P^T \quad (M'^T)^2 P^T \quad (M'^T)^3 P^T] = 4$$

根据系统能观测性判定条件（7.40），可以判定石油产业 – 国民经济系统是能观测的。

第三节　石油产业 – 国民经济系统的反馈控制分析

一　石油产业 – 国民经济系统反馈控制的模型建立

本章第二节已经对石油产业 – 国民经济系统的系统特性进行了分

析，所得结论为该系统是能控和能观测的经济系统。由于石油产业－国民经济系统具备能控和能观测的良好系统性能，因此可以采用调整政策变量的方法来使得该经济系统的动态运行结果达到任何事先设定的目标。这也为接下来研究该经济系统的反馈控制奠定了理论基础。

经济控制系统的基本形式是由受控系统和反馈控制规律所构成的反馈系统。反馈是经济控制论中最重要的概念之一，是指把受控对象在控制信息作用下产生的输出信息返回给控制器，从而可以根据控制信息产生的效果来调整控制作用。反馈控制的设计方法有状态反馈和输出反馈。状态反馈控制是指将系统的状态变量通过比例环节传送到输入端的反馈控制方式；输出反馈控制是指将系统的输出变量通过比例环节传送到输入端的反馈方式。由于状态变量能够全面反映系统的内部特性，因此状态反馈能够有效地改善系统性能。由于经济系统的输出变量要比状态变量容易获得，因此输出反馈是一种在技术上容易实现的反馈方式。

在投入产出平衡的前提下总供给等于总产出，石油产业－国民经济系统中的输出向量 $Y(k)$ 等于目标向量 $X(k)$。因此，尽管石油产业－国民经济系统的状态反馈矩阵和输出反馈矩阵的含义不同，但在数据结果上两者相同。下面以石油产业－国民经济系统的状态反馈控制为例来研究该系统的反馈控制。

在石油产业－国民经济系统［公式（7.29）］中引入状态反馈矩阵 K，设控制变量 $W(k)$ 如下：

$$W(k) = KX(k) + V(k) \tag{7.41}$$

将公式（7.41）代入石油产业－国民经济系统［公式（7.29）］，得到状态反馈系统如下：

$$\begin{cases} X(k+1) = (M' + N'K)X(k) + N'V(k) \\ Y(k) = X(k) \end{cases} \tag{7.42}$$

这样石油产业－国民经济系统就从原先的开环系统变成了闭环系统。状态反馈闭环系统的特征方程如下：

$$a(\lambda) = |\lambda I - (M' + N'K)| = 0 \qquad (7.43)$$

公式（7.43）中，只要选取适当的状态反馈矩阵 K，就能够改变石油产业－国民经济系统的性能。

二 石油产业－国民经济系统反馈控制的仿真模拟

为了更好地进行石油产业－国民经济系统的建模、仿真与分析，本书采用 MATLAB 的仿真集成环境 Simulink 进行相关研究分析。Simulink 是一种图形化仿真工具包，能够在实际系统运行之前，预先对系统进行仿真分析，对系统进行实时修正或者按照仿真的最佳效果来调试并确定系统参数，从而改进系统的整体性能。

在引入状态反馈矩阵 K 之前的石油产业－国民经济系统〔公式（7.29）〕的仿真模型结构图如图 7－1 所示。

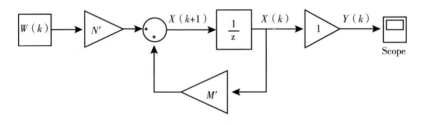

图 7－1 无状态反馈矩阵下的石油产业－国民经济系统的仿真模型结构图

控制变量 $W(k)$ 不可能保持常数，即各产业的非生产投资性最初投入不可能保持不变。事实上，各产业的非生产投资性最初投入与各产业的总产出有着密切的关系。随着各产业总产出的增长，非生产投资性最初投入也必然会相应增长。石油产业－国民经济系统中必然存在状态反馈矩阵 K，其不可能是 0 矩阵。因此，问题的研究关键不在于是否需要石油产业－国民经济的状态反馈矩阵 K，而是分析现有的状态反馈矩阵 K 是否最优？如果不是，如何改善？引入状态反馈矩阵 K 之后，石油产业－国民经济的状态反馈闭环系统框图如图 7－2 所示。

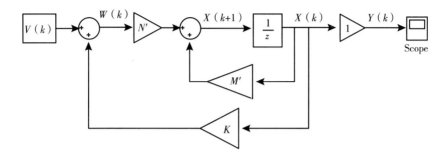

图 7 - 2 石油产业 - 国民经济的状态反馈闭环系统框图

根据 2007 年投入产出表，得到控制变量 $W(k)$ 的初始值 $W(0)$ 和现有状态反馈矩阵 K，如下：

$$W(0) = \begin{bmatrix} 272294290 \\ 81522682 \\ 1081812881 \\ 852252935 \end{bmatrix} \qquad (7.44)$$

$$K = \begin{bmatrix} 0.5569 & & & \\ & 0.2663 & & \\ & & 0.1978 & \\ & & & 0.4430 \end{bmatrix} \qquad (7.45)$$

采用现有的状态反馈矩阵 K，在图 7 - 2 的石油产业 - 国民经济的状态反馈闭环系统框图中输入相关参数的数值和关系函数，并设置仿真时间起点为 2008 年，终点为 2020 年。

图 7 - 3 显示了现有状态反馈矩阵 K 下国民经济产出的模拟结果。考虑到各产业的产出增值系数，图 7 - 4 显示了现有状态反馈矩阵 K 下 GDP 的模拟结果。

从图 7 - 4 中不难发现，如果采用现有的状态反馈矩阵，GDP 总额将明显偏高，主要是由于非石油第二产业发展将明显快于其他产业，2020 年非石油第二产业的 GDP 占全国 GDP 的比重高达 60.41% 。这与我国的产业结构规划也明显不相符。本书第五章第二节已经在国家发

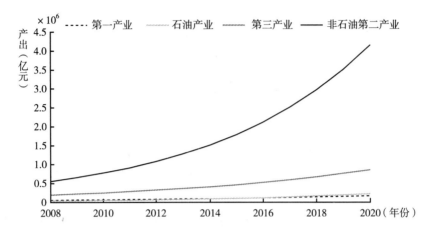

图 7 - 3　现有状态反馈矩阵 K 下的国民经济产出模拟

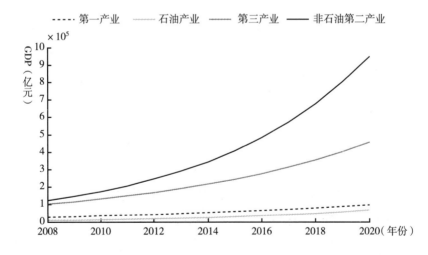

图 7 - 4　现有状态反馈矩阵 K 下的 GDP 模拟

改委能源研究所、国务院发展研究中心等对我国未来产业结构的预测，参照并比较世界若干国家的三次产业结构的基础上，形成了我国未来细分部门的产业结构预测（见表 5 - 4）。从表 5 - 4 中可以得出，2020年我国第一产业、石油产业、非石油第二产业、第三产业的产业比例分别是 6.80%、3.32%、45.38% 和 44.50%

因此，现有的状态反馈矩阵将使得经济发展逐渐偏离规划的发展目标。经过不断尝试，采用修正状态反馈矩阵 K' 可以使国民经济按照规划目标发展。修正状态反馈矩阵 K' 如下：

$$K' = \begin{bmatrix} 0.5754 & & & \\ & 0.2883 & & \\ & & 0.2143 & \\ & & & 0.4642 \end{bmatrix} \tag{7.46}$$

采用修正状态反馈矩阵 K'，在图 7−2 的石油产业−国民经济的状态反馈闭环系统框图中输入相关参数的数值和关系函数，并设置仿真时间起点为 2008 年，终点为 2020 年。仿真模拟结果如图 7−5 所示。

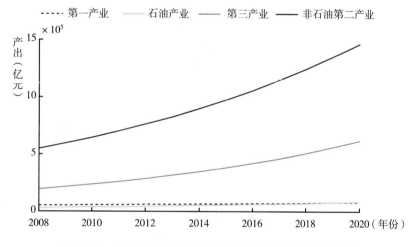

图 7−5 修正状态反馈矩阵下的国民经济产出模拟

考虑到各产业的产出增值系数，图 7−6 显示了修正状态反馈矩阵 K 下 GDP 的模拟结果。

对比前后两个状态反馈矩阵发现，修订状态反馈矩阵中第一产业、石油产业、非石油第二产业、第三产业的数值比 0.5569、0.2663、0.1978、0.4430 均有所上升，分别上升到 0.5754、0.2883、0.2143、0.4642，即每个产业的非生产投资性最初投入占总投入中的比重都有所上升，平均上升 2 个百分点。

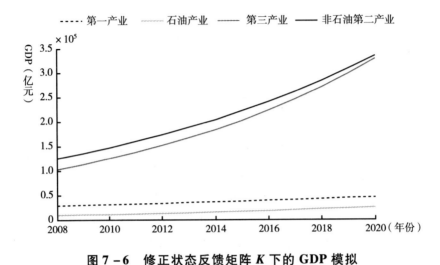

图 7 - 6 　修正状态反馈矩阵 K 下的 GDP 模拟

第四节　石油产业波及效应健康发展的对策研究

本书在第五章中已经提及，越来越大的石油产业波及效应具有两面性。一方面，石油产业作为基础能源产业对国民经济发展起着越来越大的作用；另一方面，我国是一个石油净进口国，石油对外依存度在不断提高，越来越大的波及效应也意味着我国受国外石油市场的影响越来越大，进口石油在支撑我国国民经济发展的同时，也带来了很多潜在的不良波及效应。因此，有效控制石油尤其是进口石油的不良波及效应具有越来越现实而重要的意义。

一　不断优化包括石油产业在内的国民经济大系统的经济发展方式

本章在第一节至第二节重点分析了石油产业－国民经济系统的系统特性，并对该系统进行了反馈控制分析。分析结果显示，我国的石油产业－国民经济系统具有可控性和能观测性的优良系统特征，这也为相关政策调控奠定了理论基础。前面的分析也显示，目前石油产业－国民经济系统的状态反馈控制矩阵并非最优，如果不加以改变，将会影响我国未来宏观规划目标的实现。

石油产业是国民经济系统的一个产业，因此只有当大系统是一个优化的系统时，石油产业才能健康发展，石油产业对国民经济的波及效应才能向健康方向发展。根据前面的反馈控制分析，我国可以采取以下对策措施来更好地优化石油产业－国民经济系统，逐步改善系统性能。

第一，提高包括石油产业在内的各产业的非生产性投入比重。通过第三节的仿真模拟可以发现，为了使石油产业－国民经济系统按照规划发展，需要修改状态反馈矩阵，提高包括石油产业在内的各产业的非生产性投入比重。非生产性投入包括劳动者报酬、生产税净额和营业盈余，提高这些非生产性投入占总投入的比重有利于整个经济系统的健康发展。当前在这些非生产性投入中，劳动者报酬的投入比重偏低已经成为一个社会热点，因此提高整个非生产性投入比重尤其是其中的劳动者报酬投入比重将是 2020 年前的一个重点发展方向。

第二，提高固定资产利用效率。固定资产是重要的生产性资产，是保障国民经济各产业可持续发展的重要因素之一。前面提到提高各产业的非生产性投入比重，因此降低生产性投入比重就是重要的发展方向要求。这就需要我国要坚持固定资产投资规模和效率利用的有机结合，提高固定资产的管理水平和设备利用率，不断提高固定资产的综合利用效率。

二　改善对外贸易结构来降低进口石油对国民经济的不良波及效应

近年来，我国在经济发展的"三驾马车"——消费、投资和净出口中，对投资和净出口的依赖有所增加，尽管国家一直提倡扩大内需，然而国民经济中消费的组成比重在明显下降。表 7－1 显示了我国国民经济中消费、投资和净出口的组成结构比例变化。

表 7 - 1   我国国民经济的构成结构变化

单位：%

年份	消费	投资	净出口	年份	消费	投资	净出口
1987	63.6	36.3	0.1	2002	59.6	37.9	2.6
1992	62.4	36.6	1.0	2007	49.0	42.2	8.9
1997	59.0	36.7	4.3	2010	48.2	48.1	3.7

　　从表 7 - 1 中可以看出，我国消费占国民经济的比重在持续下降，尤其是 2002 年以来下降尤为严重；相反，投资和净出口处于上升的趋势。在净出口方面，1987 年我国对外贸易保持基本平衡，随后尤其是 2002 年以后我国净出口占国民经济的比重，即贸易顺差上升迅速。尽管全球经济危机的爆发使得我国出口受到了很大影响，净出口占国民经济的比重有所下降，但是受外部环境影响的“被迫”下降，其持续性仍有待进一步观察。从图 7 - 7 中可以看出，我国的贸易出口额和贸易顺差在 2010 年后已在逐步恢复；2012 年，我国贸易出口额已经超过历史最高水平，贸易顺差也接近历史最高。

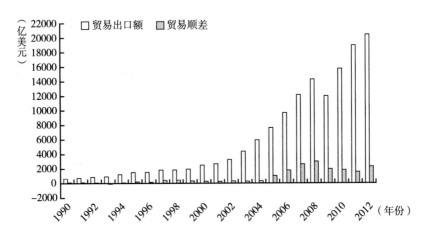

图 7 - 7   1990 年以来我国贸易顺差变化

　　大量的对外出口为我国带来了巨额外汇，但也带来了很多弊端：①经济增长对外部需求依赖的加大会使得国民经济更容易受到外部因素的影响，这在 2009 年的全球经济危机中便得到体现，迫使国家采取 4 万亿投资的积极财政政策来保证实现 GDP 增长 8% 的目标；②长期的大量贸易顺差带来的高额外汇储备给人民币带来了很大的升值压力，国际舆论压力倍增，增加了金融风险，为人民币汇率机制改革增加了成本和难度，也为经济的可持续发展带来风险；③恶化国际贸易环境，受到贸易伙伴越来越多的不公正对待，贸易壁垒、贸易摩擦和贸易争端明显增加。

由于国民经济中各产业紧密相连，各产业对石油产业都有直接和间接的消耗，因此我国非石油产业在进行国际贸易时，也在间接地进行石油贸易。进一步分析，我国的贸易出口中以原材料和基本生活用品居多，而科技含量高、附加值高、原材料消耗低的商品很少。这也使得我国在进行国际贸易获得大量顺差的同时，也在出口包括石油在内的大量资源，即隐含石油（Embodied Oil）出口。

隐含石油是指某种产品或服务在生产全过程中所直接和间接消耗的石油总量。其中，间接石油消耗是指产品或服务在生产过程中消耗的各部门产品中所包含的石油总和。隐含石油的概念源于隐含能。隐含能的概念最早在 1974 年由国际高级研究机构联合会提出（IFIAS，1974）。随着世界各国对二氧化碳排放、环境污染等问题的日益重视，隐含碳（Embodied Carbon）、隐含排放（Embodied Emission）、隐含污染（Embodied Pollution）等相关话题也得到了越来越多的关注。我国开展这些研究的起步较晚，研究成果主要集中在 2006 年以来。国内对隐含能的名称还没有统一，学者们主要将其称为"隐含能"和"内涵能源"，也有学者称其为"虚拟能"（周志田等，2006）、"载能量"（刘强等，2008）等。事实上，这些概念都源于"Embodied Energy"。就本质而言，隐含石油（Embodied Oil）和这些概念属于同一研究范畴，即"Embodied"是一个广泛的概念，不仅仅局限于能源，可以在"Embodied"后加上任何一种资源（Brown 和 Herendeen，1996）。

本书主要侧重石油视角，基于投入产出的基本原理对我国通过"中国制造"的隐含石油净出口进行测算，模型如下：

$$E = \frac{C}{Y_i + Y_i^I - Y_i^E} \sum_{j=1}^{n} (E_j \times b_{ij} - I_j \times b_{ij} \times \frac{Q_w}{Q_c}) \qquad (7.47)$$

其中，E 是我国隐含石油净出口量，C 是我国石油消费量，Y_i 是石油产业总产出，Y_i^I 是石油产业的进口值，Y_i^E 是石油产业的出口值，E_j 是 j 部门的出口额，I_j 是 j 部门的进口额，b_{ij} 是 j 部门对石油产业 i 的完全消耗系数，Q_w 是除了我国以外的世界平均石油消费强度，Q_c 是我国石油消费强度。

表 5-6 对我国石油消费强度进行了国际对比，不难发现，我国的石油利用效率要远低于世界平均水平。所以，本书在公式（7.47）中考虑了国内外石油利用效率差异这个因素，即将我国对外贸易的进口和出口分开，出口商品采用我国的石油消费强度，进口商品采用除中国以外的世界平均石油消费强度，并根据两者比例来调整各产业对石油产业的完全消耗系数。

由于 1987 年和 1992 年投入产出表在最终使用中没有将进口和出口分开，只有净出口的混合数据，所以本书采用 1997 年、2002 年和 2007 年的投入产出表对此进行计算。根据公式（7.47），可以计算出我国 1997 年、2002 年和 2007 年的隐含石油净出口；同时根据进出口贸易、石油消费强度变化等最新数据，可以估算得到 2007 年以来的隐含石油净出口数量，如表 7-2 所示。

表 7-2　通过"中国制造"的我国隐含石油净出口量

年份	石油消费 （万吨）	石油净进口 （万吨）	隐含石油净出口量 （万吨）	隐含石油净出口量占 石油消费的比例（%）
1997	19394	3381	2483	12.8
2002	24752	8066	2899	11.7
2007	36928	18296	8702	23.6
2008	37603	18559	8638	23.0
2009	38818	19869	6187	15.9
2010	43775	23473	7760	17.7
2011	45937	25650	8313	18.1
2012	48366	27619	8661	17.9

从表 7 - 2 中可以看出，2007 年，我国通过"中国制造"的隐含石油净出口量已经由 1997 年的 2483 万吨上升到 2007 年 8702 万吨，占石油消费的比例由 1997 年的 12.8% 上升到 2007 年的 23.6%。由于 2007 年我国的石油对外依存度为 47.2%，因此 2007 年我国进口石油的 57.98% 又通过"中国制造"的贸易环节被出口了。因此，国家在为防止油价上升过快对国民经济产生不利影响而对 CPI 和居民生活都有较大影响的行业进行财政补贴的同时，也在"补贴"大量进口"中国制造"的国家。于是我国出现了这种现象：我国是世界第二大石油消费国，超过一半的石油需要高价从国际市场上进口；但是与此同时，国民经济对消耗大量石油的"中国制造"出口依赖程度在增加，这使得国家对高油价进行财政补贴的同时也在补贴出口的"中国制造"，使之保持廉价。简单来说，2007 年我国从国际市场上买回来的 57.98% 的石油通过财政补贴后又通过廉价的"中国制造"被"出口"。

经济危机的爆发和蔓延，使得我国的外部市场恶化，我国隐含石油净出口的增长趋势也得以缓解，并有所下降。2009 年，隐含石油净出口下降到 6187 万吨。但是，我国对外贸易顺差仍保持在一个高位，2010 年以后对外出口额增长恢复（见图 7 - 7），使得我国隐含石油净出口在 2012 年增加到 8661 万吨，接近 2007 年 8702 万吨的历史最高值。如果我国贸易结构和贸易增长方式不进行实质转型，随着外部经济环境的好转，当前的贸易发展方式仍将使隐含石油等资源大量净出口的现象得以继续，我国财政用以"补贴"国外消费者的现象也就继续存在。事实上，国家或地区之间隐含能转移的已有研究结果表明：贸易结构、技术水平、国家间比较优势的差别等因素对隐含能的国际转移都会产生很大影响，即隐含能净出口不能简单归因于贸易顺差，贸易逆差也并不能保证一国成为隐含能的净进口国（Rhee 和 Chung，2006）。因此，改善贸易结构和贸易方式、提高产品科技含量、提高能源利用效率等，才是我国改变这种不利局面的主要抓手。

综上分析，尽管我国花费高价从国际市场买入石油，但最终的享受者却不是国内的普通消费者。因此我国急需尽快落实改变传统经济增长方式、贸易增长模式等战略问题，通过提高关税等方式来控制和限制原材料、低附加值以及容易造成环境污染、资源浪费的产品出口，防止用国家财政来补贴质优价廉的"中国制造"。站在石油行业等资源行业的角度下，这也能更加充分有效地保护和利用石油等资源，避免国内资源大量流向国外，最大限度地提高其带来的积极波及效应并降低其带来的不良波及效应，保障国民经济的健康和可持续发展。

三　根据波及路径采取措施来缓冲石油产业的成本影响波及效应

本书第四章第四节在计算石油产业成本影响波及效应时分析得出，当石油加工业产品价格上升10%时对整体国民经济价格的影响从1987年的0.45%上升到2007年的1.10%。这也表明，石油及其产品价格对国民经济的影响在逐步增加。

由于成本影响波及效应对国民经济来说是一种经济发展负担和风险，因此需要积极采取措施应对，防止其增加过快。由于国民经济各部门对石油的直接和间接依赖程度差异很大，因此，油价对各产业产生的影响也大不相同。本书在第六章第四节对石油产业成本影响波及效应的主要波及路径进行了分析，包括石油产业对国民经济成本影响波及效应的产业路径分析和石油产业对特定产业成本影响波及效应的路径分析；同时也分析各条波及路径的路径影响比例、路径波及速率以及总体波及速率。根据第六章第四节的研究结论，国家尤其应该重点关注由于油价上升而对CPI产生较大影响的行业，比如化学工业、建筑业、金属冶炼及压延加工业、非金属矿物制品业，对居民生活影响较大的行业如燃气生产和供应业，对CPI和居民生活都有较大影响的交通运输及仓储业，电力、热力的生产和供应业等，并根据各条波及路径的路径影响比例、路径波及速率综合确定相应的补贴政策和标准。简而言之，当油价上升过高时，政府在发挥市场调控为主的基础上，有必要辅以宏观调控的管理措施，对影响国民经济发展和人民生活的重点行业进行宏观调控，即可以根据波及路径有针对性地缓冲石油产业的成本影响波及效应，从而保证经济的平稳运行，这也符合我国当前的国情。

四　积极参与国际石油合作以防止石油供给受限带来的不良波及效应

2011 年初，北非及中东局势的紧张使得国际原油价格尤其是 Brent 油价上涨迅速。尽管中国自身不想也不愿意牵涉进去，但是中国已经身在其中，该动乱已经和有可能波及的产油国覆盖我国近 70% 的石油进口，事关中国经济的未来发展大局。2011 年 3 月 11 日发生的日本大地震以及引发的核泄漏已经引起了世界主要国家对发展核能的重新审视，很多计划中的新增项目将会暂停。这在中短期尤其是短期会进一步加剧世界各国对化石能源的全球性竞争。就我国而言，由于可再生能源在短期内的发展依然存在很多挑战，因此对化石能源的依赖很有可能进一步上升，化石能源安全尤其是石油安全形势将会进一步紧张。

在未来的世界常规石油供应格局中，唐旭（2009）基于广义翁氏模型对世界及各大洲石油产量进行了预测。预测结果显示：世界常规石油产量高峰大约出现在 2021 年，北美洲、中南美洲、欧洲、中东、非洲和亚太地区的峰值时间分别是 1985 年、2047 年、2004 年、2045 年、2020 年、2008 年。这表明中东在世界石油供应中的地位将得到进一步的巩固和加强，世界石油的供应越来越依赖该地区；中南美洲和非洲地区的石油产量在未来 30 年内大体保持稳定，仍是世界石油供应中的重要保障地之一；亚太地区正处于产量高峰平台期，未来的石油产量下降严重，将成为未来石油供需失衡最严重的地区。尽管北美洲的常规石油产量已经过了高峰期，但是非常规石油尤其是加拿大的油砂和重油是未来石油产量增长的重要来源之一。因此，我国不仅要加强与传统中东、非洲石油大国的联系，拓展国际合作，同时也应积极关注非常规油气资源，尤其是加拿大的油砂和重油。由于几乎所有的加拿大原油出口目的地均为美国，所以，当2009年经济危机发生、美国市场原油需求下降时，加拿大的原油出口量也出现明显下降。这也促使加拿大意识到将美国作为其几乎全部石油市场的风险，加拿大正在积极开拓亚太市场，而中国则是重中之重。从全球的大环境来看，国际金融危机的爆发使得亚洲国家倾向于投资实物资产及战略资产，油气资源便是一个很好的投资选择。日本大地震引发的核泄漏使得世界其他国家纷纷重新审视并部分修改核计划，这也使得石油、天然气等常规化石能源在世界能源供应结构中的地位在短期内更加难以撼动，再加上目前西亚、北非、美伊的紧张局势，这些都大大提升了加拿大油气资源的战略投资价值。由于加拿大油砂开发、输油管道和港口等基础设施等需要很大投资，因此，加拿大稳定的石油出口能力、良好的政治经济环境也将成为中国的重点关注对象之一；而中国也将是加拿大未来较长时间的新市场和新投资的很好选择地之一。

事实上，相对于高油价而言，对中国危害更大的是石油供应受限。因为高油价对中国经济产生危害需要一段过程；在这一过程中，政府还可以采取很多政策加以调控来减缓危害。但是，外部石油供应受限甚至中断的危害很大，加上我国在历史上还没有类似的经验教训可以总结借鉴，留给政府的决策时间很短、决策空间很窄。因此，我国政府应未雨绸缪，提前采取对策积极应对，协调好国内自产和国际合作，做好预警和应急预案工作，防止石油供应受限带来的不良波及效应。

第五节　本章小结

石油产业的发展不仅需要其产业内部具有合理的结构，更需要其与国民经济以及其他产业协调发展。本章根据动态投入产出的基本原理，在进一步考虑了固定资产折旧和开放经济中对外贸易的基础上构建了石油产业－国民经济系统。由于该模型在实际运用中存在缺陷，无法采用反馈控制对系统进行修正，于是本书对传统投入产出模型的资本系数矩阵进行了重新定义，从投入产出表的列方向而非传统的行方向来重新构建动态投入产出模型，从而完善石油产业－国民经济系统。根据经济控制论的基本原理，对石油产业－国民经济系统的能控性、能观测性等系统特性进行分析，并得出该系统是能控和能观测的经济系统；紧接着引入状态反馈矩阵对该系统的反馈控制进行分析，认为目前经济系统的状态反馈控制矩阵并非最优，如果不加以改变，将会影响我国未来国民经济的宏观规划目标实现。为促使石油产业对国民经济的波及效应向健康方向发展，尽量避免不良波及效应，本章从多个角度进行了相关对策研究：不断优化包括石油产业在内的国民经济大系统的经济发展方式，比如提高包括石油产业在内的各产业的非生产性投入比重，尤其是劳动者报酬投入比重，提高固定资产利用效率等；调整和改善出口贸易结构和贸易增长方式，防止用国家财政来补贴质优价廉的"中国制造"，尽量降低进口石油对国民经济的不良波及效应；根据波及路径采取有针对性的措施来缓冲石油产业的成本影响波及效应；积极参与国际石油合作以防止石油供给受限带来的不良波及效应。

第八章

结　　论

　　石油产业作为国民经济的基础行业，所涉及的行业众多，对国民经济发展有着深远的波及效应。本书在分析波及效应概念及其分类的基础上，从理论和模型构建的角度对石油产业对国民经济的波及效应进行了较为系统的理论和运用研究；对当前和历史年份的各类波及效应进行了计算分析；对未来的各类波及效应进行了模拟分析；对石油产业波及效应的波及路径进行了研究分析；并就如何有效改善石油产业-国民经济系统、促使石油产业对国民经济的波及效应向健康方向发展等提出相关对策建议。本书的主要研究工作以及研究结论总结如下。

　　第一，从宏观角度分析了石油产业在国民经济中的地位及其影响。

　　采用投入产出表分别分析了石油产业作为产品供应部门、产品购买部门与其他部门的关联。通过计算"投入分配比例系数"来分析其他产业是在"量"上还是在"率"上依赖石油产业，从而反映石油产业在国民经济中与其他产业的相互关联关系；分别对石油开采业和石油加工业的传统感应度、传统影响力系数以及加权感应度系数、加权影响力系数进行计算，从而反映石油产业在国民经济中的地位；分析了石油产业自 1987 年以来感应度系数和影响力系数的变化。计算结果表明：自 1987 年以来，无论是加权感应度、影响力系数还是传统感应度、影响力系数，在总体上数值都有了明显的上升，尤其是石油加工业的加权感应度系数在 1987～2007 年的 20 年内上升了 142%，加权影响力系数更是上升了 156%，说明了石油加工业生产对其他产品部门所产生的波及影响程度在这 20 年内上升非常迅速。

第二，初步建立了石油产业波及效应理论。

本书对目前涉及产业"波及效应"的相关研究进行了分类和总结，并着重分析了当前研究存在的主要问题。在总结分析已有研究成果和不足的基础上，初步构建了石油产业波及效应理论：对波及效应的基本概念、波及效应在不同角度下的分类进行重新梳理分析，比如石油产业作为产品购买者的波及效应可以分为直接波及效应、间接波及效应和诱发波及效应；对石油产业波及效应的机理、所包含的主要研究内容进行分析；着重对各种波及效应的计算模型进行研究分析，这既是理论研究的重要支撑，也是理论的重要组成部分之一。

第三，石油产业各类波及效应系数的计算分析。

根据 2007 年投入产出表，计算得出了石油产业的各类波及效应系数：石油开采业对产出的波及效应系数为 2.1087，其中直接、间接和诱发波及效应系数分别为 1、0.5446、0.5641；石油加工业对产出的波及效应系数为 3.1659，其中直接、间接和诱发波及效应系数分别为 1、1.3776、0.7883；石油开采业对 GDP 的波及效应系数为 1.1492，其中直接、间接和诱发波及效应系数分别为 0.7890、0.1769、0.1833；石油加工业对 GDP 的波及效应系数为 0.8648，其中直接、间接和诱发波及效应系数分别为 0.1610、0.4476、0.2562。总体而言，石油开采业更侧重于对 GDP 的波及影响，而石油加工业与其他产业的产业关联度高，更侧重于对国民产出的波及影响。本书还计算了其他历史年份的石油产业波及效应系数，总体而言，石油开采业对产出和 GDP 的总体波及效应系数在连续多年下降的基础上，目前处于相对稳定状态；石油开采业对 GDP 的直接波及效应系数处于稳定上升阶段；石油加工业对产出的总体波及效应系数仍处于稳定上升阶段，但是对 GDP 的直接波及效应系数下降明显；无论石油开采业还是石油加工业，自 1997 年以来，其对产出和 GDP 的诱发波及效应系数都在下降，主要因为居民边际消费倾向在这一期间有所下降，从而使得消费的乘数效应和诱发波及效应系数相应下降。

第四，构建系统动态投入产出模型对未来的石油产业波及效应进行模拟分析。

将系统动力学和动态投入产出模型相结合，构建了 8 部门的系统动态投入产出模型。模型把投资需求和生产能力联系起来，弥补静态投入产出模型将投资作为外生决定的最终需求的固有不足；将动态投入产出模型中的投资分为生产性投资和非生产性的弥补性投资。研究确定了模型的各类参数，比如采用"石油消费价值法"来更新相关直接消耗系数，仿真模拟了未来石油产业的总产出以及中间产出、总投资、净出口值等产出构成，同时仿真模拟了石油产业对国民经济各产业的总波及效应、直接波及效应、间接波及效应、诱发波及效应等波及效应构成，石油产业对整个国民经济的波及率以及进口石油对国民经济的波及率等。模拟结果显示：石油产业作为基础能源产业对国民经济的整体波及效应仍将不断上升；在各类波及效应中，直接波及效应的比重不断下降，间接波及效应的比重持续上升，诱发波及效应的比重在 2042 年以前持续上升，之后将开始缓慢下降；石油产业对国民经济的波及率将由目前的 7.1% 左右稳步上升到 2043 年的 17.9%，之后将逐步下降；进口石油对国民经济的波及率则由目前的 2.2% 上升到 2044 年的 9.3%，之后开始下降，2050 年将下降为 8.1%；石油产业对交通运输业以及其他第三产业的波及效应比重增长最迅速。

第五，对石油产业波及效应的波及路径进行定量研究分析。

对石油产业波及路径分析进行了两个层次上的定义：石油产业对国民经济波及效应的产业路径分析、石油产业对特定产业的波及效应的波及过程分析。定量分析了石油产业作为产品购买者对其他产业的间接波及效应、诱发波及效应的波及路径以及波及速率；定量分析了石油产业作为产品供应者对特定产业的成本影响波及效应的波及路径以及波及速率。石油产业波及效应的路径分析以及波及速率计算有利于更好地理解石油产业对国民经济在各个层次上的波及效应，也有利于国家相关决策部门的政策制定，比如石油产业作为产品供应者对特定产业的成本影响波及效应的路径分析以及波及速率计算有利于政府部门在应对油价上涨制定相关政策（尤其是补贴政策）时更具有针对性。

第六，石油产业波及效应的经济控制研究。

根据动态投入产出模型的基本原理，并考虑了固定资产折旧和开放经济中的对外贸易，构建了石油产业 - 国民经济系统；基于经济控制论的基本原理和方法对石油产业 - 国民经济系统的能控性、能观测性等系统特性进行分析，所得结论为该系统是能控和能观测的经济系统；利用状态反馈矩阵对该系统的反馈控制进行仿真模拟分析，认为当前石油产业 - 国民经济系统的状态反馈控制矩阵并非最优，如果不加以改变，将会影响我国未来的宏观规划目标实现，从而会影响国民经济大系统中的石油产业健康发展。为了促使石油产业对国民经济的波及效应向健康方向发展，从多个角度提出相关对策建议：不断优化包括石油产业在内的国民经济大系统的经济发展方式，比如提高包括石油产业在内的各产业的非生产性投入比重，尤其是劳动者报酬投入比重，提高固定资产利用效率等；调整和改善出口贸易结构和贸易增长方式，防止用国家财政来补贴质优价廉的"中国制造"，尽量降低进口石油对国民经济的不良波及效应；根据波及路径采取有针对性的措施来缓冲石油产业的成本影响波及效应；积极参与国际石油合作以防止石油供给受限带来的不良波及效应。

主要参考文献

陈迎、潘家华、谢来辉：《中国外贸进出口商品中的内涵能源及其政策含义》，《经济研究》2008 年第 7 期，第 11～25 页。

陈跃刚、甘永辉：《我国产业间波及效应的探讨》，《南昌大学学报》（人文社会科学版）2004 年 05 期，第 58～63 页。

陈文琳、陈宏、赵千：《消费类电子产品供应链中的博弈问题综述》，《中大管理研究》2009 年 01 期，第 71～79 页。

董承章：《投入产出分析》，中国财政经济出版社，2000。

顾阿伦、何建坤、周玲玲、姚兰、刘滨：《中国进出口贸易中的内涵能源及转移排放分析》，《清华大学学报》（自然科学版）2010 年第 09 期，第 1456～1459 页。

国土资源部、国家发展和改革委员会、财政部：《新一轮全国油气资源评价》，北京，2005 年。

韩亮亮、周德群、李宏伟：《石油价格波动与中国宏观经济运行关系的协整分析》，《价格理论与实践》2006 年第 6 期，第 57～58。

黄仲一、郑力新：《经济控制论与社会经济的可持续发展》，《华侨大学学报》（哲学社会科学版）2000 年第 4 期，第 25～30 页。

凯恩斯：《就业、利息与货币通论（重译本）》，商务印书馆，

1999。

李峰：《产业关联测度及其应用研究》，山西财经大学学报，2007年第11期，第34～39页。

李继锋：《构建能源－经济－环境评价模型及分析我国节能战略选择》，清华大学博士学位论文，2006。

李睿：《基于扩大内需的我国居民消费需求分析》，《商业时代》2010年第5期，第21～23页。

李善同：《"十二五"时期至2030年我国经济增长前景展望》，《经济研究参考》2010年第43期，第2～27页。

李善同、何建武：《从经济、资源、环境角度评估对外贸易的拉动作用》，《发展研究》2009年4期，第12～14页。

刘起运、夏明、张红霞：《宏观经济系统的投入产出分析》，中国人民大学出版社，2006。

刘强：《石油价格变化对中国经济影响的模型研究》，《数量经济技术经济研究》2005年3期，第16～27页。

刘强、庄幸、姜克隽、韩文科：《中国出口贸易中的载能量及碳排放量分析》，《中国工业经济》2008年第8期，第46～55页。

刘永清、周传世：《广东省产业系统的层级结构模型及其应用》，《系统工程理论与实践》1999年第3期，第116～131页。

刘志迎、丰志培：《产业关联理论的历史演变及评述》，《产业与科技论坛》2006年第1期，第6～9页。

罗思平、王灿、陈吉宁：《中国国际贸易中隐含能的分析》，《清华大学学报》（自然科学版）2010年第03期，第477～480页。

齐晔、李惠民、徐明：《中国进出口贸易中的隐含能估算》，《中国人口·资源与环境》2008年03期，第69～75页。

邵文武、张国良：《水运对中国经济贡献率测算研究》，《水运工程》2007年第8期，第1～5页。

唐晓彤：《大型国际体育赛事对社会发展的波及效应》，《广州体育学院学报》2007年01期，第26～28页。

唐旭、冯连勇、赵林：《基于广义翁氏模型的世界石油供应格局预测分析》，《资源科学》2009 年 02 期，第 238 ~ 242 页。

唐旭、张宝生、邓红梅、冯连勇：《基于系统动力学的中国石油产量预测分析》，《系统工程理论与实践》2010 年 02 期，第 207 ~ 212 页。

魏来、陈宏、张洁：《产业链价格波及效应的不对称传递》，《系统工程理论与实践》2009 年 07 期，第 1 ~ 7 页。

魏一鸣、吴刚、刘兰翠、范英：《能源 - 经济 - 环境复杂系统建模与应用进展》，《管理学报》2005 年 02 期，第 159 ~ 170 页。

汪传旭：《交通运输业对国民经济贡献的衡量方法》，《中国公路学报》2004 年 01 期，第 94 ~ 97 页。

王晶等：《经济控制论——理论、运用与 matlab 仿真》，科学出版社，2008。

王丽红：《石油价格变动对我国农业部门影响的实证分析》，《农业技术经济》2009 年第 2 期，第 105 ~ 112 页。

王璐、韩立岩：《中国产业层面的石油风险关联》，《世界经济》2007 年第 11 期，第 64 ~ 72 页。

王其藩：《系统动力学》，清华大学出版社，1994。

王玉潜：《投入产出分析的波及效应分解》，《暨南学报》（哲学社会科学版）2002 年 06 期，第 36 ~ 41 页。

王振江：《系统动力学引论》，上海科学技术文献出版社，1988。

吴静、王铮、吴兵：《石油价格上涨对中国经济的冲击——可计算一般均衡模型分析》，《中国农业大学学报》（社会科学版）2005 年第 2 期，第 69 ~ 75 页。

吴开亚、陈晓剑：《基于二元关系的产业关联分析方法研究》，《中国管理科学》2003 年 03 期，第 62 ~ 65 页。

向蓉美：《投入产出分法》，西南财经大学济出版社，2007。

姚愉芳、齐舒畅、刘琪：《中国进出口贸易与经济、就业、能源关系及对策研究》，《数量经济技术研究》2008 年 10 期，第 56 ~ 65 页。

杨灿：《产业关联测度方法及其应用问题探析》，《统计研究》2005 年第 9 期，第 72 ~ 75 页。

杨智辉、陈宏、赵千、马荣华：《随机需求和生产成本同时扰动下的供应链波及效应》，《管理学报》2010 年 05 期，第 728 ~ 732 页。

尹显萍、霍达、唐黎：《中日商品贸易中内涵能源的分析及其政策含义》，《世界经济研究》2010 年 05 期，第 32 ~ 37 页。

于渤、迟春洁、苏国福：《石油价格对国民经济影响测度模型》，《数量经济技术经济研究》2002 年第 5 期，第 74 ~ 76 页。

于伟、尹敬东：《国际原油价格冲击对我国经济影响的实证分析》，《产业经济研究》2005 年第 6 期，第 11 ~ 19 页。

周志田、杨多贵：《虚拟能——解析中国能源消费超常规增长的新视角》，《地球科学进展》2006 年 03 期，第 320 ~ 323 页。

赵炳新：《产业关联分析中的图论模型及应用研究》，《系统工程理论与实践》1996 年第 2 期，第 39 ~ 42 页。

赵笑宇：《石油价格变动对价格总水平的影响分析》，《中央财经大学学报》2006 年第 2 期，第 92 ~ 96 页。

赵新良等：《动态投入产出》，辽宁人民出版社，1988 年。

张阿玲、郑淮、何建坤：《适合中国国情的经济、能源、环境（3E）模型》，《清华大学学报》（自然科学版）2002 年第 12 期，第 1616 ~ 1640 页。

张阿玲、李继峰：《构建中国的能源－经济－环境系统评价模型》，《清华大学学报》（自然科学版）2007 年第 9 期，第 1537 ~ 1540 页。

中国科学院、创新 2050：《科技革命与中国的未来》，人民网，2009，http：//scitech. people. com. cn/GB/9451852. html。

周松兰、刘栋：《产业关联度分析模型及其理论综述》，《商业研究》2005 年第 5 期，第 107 ~ 111 页。

Balke, Nathan S., Stephen P. A. Brown, Mine K. Yucel. Oil Price Shocks and the U. S. Economy: Where Does the Asymmetry Originate?.

The Energy Journal, 2002, 23: 27 – 52.

Bhattacharyya Subhes C. Applied General Equilibrium Models for Energy Studies: a Survey. *Energy Economics*, 1996, 18: 145 – 164

Bohringer Christoph, Andreas Loschel. Computable General Equilibrium Models for Sustainability Impact Assessment: Status Quo and Prospects. *Ecological Economics*, 2006, 60: 49 – 64

Brown, Stephen P. A., Mine K. Yucel. Energy Prices and Aggregate Economic Activity: An Interpretative Survey. *Quarterly Review of Economics and Finance*, 2002, 42: 69 – 77.

BP. Statistical Review of World Energy 2013 [DB/OL]. London: BP, 2013. http://www.bp.com/reports and publications.

Brown M. T, Herendeen R. A. Embodied Energy Analysis and EMERGY Analysis: a Comparative View. *Ecological Economics*, 1996, 19 (3): 219 – 235.

Bullard C. W., Herendeen R. A. The Energy Cost of Goods and Services. *Energy Policy*, 1975, 3 (4): 268 – 278.

Costanza R. Embodied Energy and Economic Valuation. *Science*, 1980, 210 (4475): 1219 – 1224.

Davis, S. J., J. Haltiwanger. Sectoral Job Creation and Destruction Responses to Oil Price Changes. *Journal of Monetary Economics*, 2001, 48: 465 – 512.

Feng Lianyong, Li Junchen, Pang Xiongqi. China's Oil Reserve Forecast and Analysis Based on Peak Oil Models. *Energy Policy*. 2008, 36 (11): 4149 – 4153.

Ferderer J P. Oil Price Volatility and the Macroeconomy: a Solution to the Asymmetry Puzzle. *Journal of Macroeconomics*. 1996, 18: 1 – 16.

Finn, M. G.. Perfect Competition and the Effects of Energy Price Increase on Economic Activity. *Journal of Money*, Credit and Banking, 2000, 32: 400 – 416.

Forrester. J. W. Industrial Dynamics: A Breakthrough for Decision Makers. *Harvard Business Review*, 1958, 36 (4): 37 – 66.

Forrester J. W. *Industrial Dynamics*. Cambridge MA: Productivity Press, 1961.

Forrester J. W. *Principles of Systems*. Cambridge MA: Productivity Press. 1968.

Forrester J. W. *Urban Dynamics*. Cambridge MA: Productivity Press, 1969.

Friedlander D. . A Technique for Estimating a Contingency Table Given the Marginal Totals and Some Supplementary Date. *Journal of Royal Statistical Society*, Series A, 1961, 123 (3): 412 – 420.

Ghosh A. Input-output Approach in an Allocation System. *Economica*, 1958, 25 (1): 58 – 64.

Hakan Berument, Hakan Tasci. Inflationary Effect oF Crude Oil Prices in Turkey. Physica A: Statistical Mechanics and its Applications, 2002, 316 (1): 568 – 580.

Hamilton J D. This is What Happened to the Oil Price-macroeconomy Relationship. *Journal of Monetary Economics*. 1996, 38: 15 – 22.

Höök Mikael, Tang Xu, Pang Xiongqi, Kjell Aleklett. Development Journey and Outlook of Chinese Giant Oil Fields. *Petroleum Exploration and Development*, 2010, 37 (2): 237 – 249.

Hooker M. What happened to the oil price-macroeconomy relationship? . *Journal of Monetary Economics*. 1996, 38: 195 – 213.

Hu Baiding, Michael. Input-output Structure and Growth in China. *Mathematics and Computers in Simulation*, 2004, 64 (1): 193 – 202.

Hubacek Klaus, Kerschner Christian. Assessing the Suitability of Input-output Analysis for Enhancing our Understanding of Potential Economic Effects of Peak Oil. *Energy*, 2009, 34 (3): 284 – 290.

International Federation of Institutes for Advanced Study (IFIAS).

Energy Analysis. Workshop report. No. 6. Stockholm, Sweden, 1974.

Jalili A. R. Evaluating Relative Performances of Four Non-survey Techniques of Updating Input-output Coefficients. *Economies of Planning*, 2000, 33: 221 – 237.

Jiang M. M., Chen B., Zhou S. Y. Embodied Energy Account of Chinese Economy 2002. *Procedia Environmental Sciences*, 2011, (5): 184 – 198.

Kahrl Fredrich, Roland-Holst David. Energy and Exports in China. *China Economic Review*, 2008, 19 (4): 649 – 658.

Karkacier, Gokalp Goktolga. Input-output Analysis of Energy Use in Agriculture. *Energy Conversion and Management*, 2005, 46 (9): 1513 – 1521.

Leach G. Energy and Food Production. *Food Policy*, 1975, 1 (1): 62 – 73.

Lee, Kiseok, Shawn Ni, Ronald A. Ratti. Oil Shocks and the Macroeconomy: the Role of Price Variability. *The Energy Journal*, 2002, 16: 39 – 56.

Lenzen M. Primary Energy and Greenhouse Gas Embodied in Australian Final Consumption: an Input-output Analysis. *Energy Policy*, 1998, 26 (6): 495 – 506.

Leontief W. *The Structure of American Economy* 1919 – 1939. Oxford University Press, Fair Lawn N. J. 1951.

Leontief W. *Studies in the Structure of the American Economy*. Oxford University Press, London, 1953

Li Hong, Zhang Peidong, He Chunyu et al. Evaluating the Effects of Embodied Energy in International Trade on Ecological Footprint in China. *Ecological Economics*, 2007, 62 (1): 136 – 148.

Lin Boqiang, Sun Chuanwang. Evaluating Carbon Dioxide Emissions in International Trade of China. *Energy Policy*, 2010, 38 (1): 613 – 621.

Liu Hongtao, Xi Youmin, Guo Ju'e, Li Xia. Energy Embodied in the International Trade of China: An Energy Input-output Analysis. *Energy Policy*, 2010, 38 (8): 3957 – 3964.

Louis De Mesnard. Is the Ghosh Model Interesting? *Journal of Regional Science*, 2009. 49 (2): 361 – 372.

Miller Ronald E. Interregional Feedbacks in Input-output Models: Some Experimental Results. *Western Economic Journal*, 1969, 7: 57 – 70.

Miller Ronald E, Peter D. Blair. IO Analysis: Foundations and Extensions. Prentice-Hall, Englewood Cliffs. 1985.

Miller Ronald E. Upper Bounds on the Sizes of Interregional Feedbacks in Multiregional Input-output Models. *Journal of Regional Science*, 1986, 26: 285 – 306.

Miller, Ronald E. Stability of Supply Coefficients and Consistency of Supply-driven and Demand-driven Input-output Models: a Comment. *Environment and Planning A*, 1989. 21, 8: 1113 – 1120.

Miller Ronald E. , Shao Gang. Structural Change in the US Multiregional Economy. *Structural Change and Economic Dynamics*, 1994, 5 (1): 41 – 72.

Mongelli I. , Tassielli G. , Notarnicola B. Global Warming Agreements, International Trade and Energy/carbon Embodiments: an Input-output Approach to the Italian Case. *Energy Policy*, 2006, 34 (1): 88 – 100.

Mork K A, Olsen O, Mysen H T. Macroeconomic Responses to Oil Price Jncreases and Decreases in Seven OECD Countries. *The Energy Journal*. 1994, 15 (4): 19 – 35.

Mory J F. Oil Prices and Economic Activity: is the Relationship Symmetric? . *The Energy Journal*. 1993, 14 (4): 151 – 161.

Oosterhaven Jan. The Supply-driven Input-output Model: A New Interpretation but Still Implausible, *Journal of Regional Science*, 1989, 29

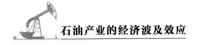

(3): 459 – 465.

Oosterhaven Jan. Leontief Versus Ghoshian Price and Quantity Models, *Southern Economic Journal*, 1996, 62, 3: 750 – 759.

Pan Jiahua, Phillips J. , Chen Ying. China's Balance of Emissions Embodied in Trade: Approaches to Measurement and Allocating International Responsibility. *Oxford Review of Economic Policy*, 2008, 24 (2): 354 – 376.

Peters, G. P. , Hertwich, E. G. CO_2 Embodied in International Trade with Implications for Global Climate Policy. Environmental Science & Technology, 2008, 42 (5): 1401 – 1407.

Polenske Karen R, Geoffrey J. D. Hewings. Trade and Spatial Economic Interdependence. *Regional Science*, 2004. 83: 269 – 289.

Rhee Hae C, Chung Hyun S. Change in CO_2 Emission and its Transmissions between Korea and Japan Using International Input-output Analysis. *Ecological Economics*, 2006, 58 (4): 788 – 800.

Tang Xu, Zhang Baosheng, Feng Lianyong et. al. Net Oil Exports Embodied in China's International Trade: An Input-output Analysis. *Energy*, 2012, 48 (1): 464 – 471.

Tang Xu, Zhang Baosheng, Feng Lianyong et. al. Economic Impacts and Challenges of China's Petroleum Industry: An Input-output Analysis. *Energy*, 2011, 36 (5): 2905 – 2911.

Tang Xu, Zhang Baosheng, Mikael Höök et al. Forecast of Oil Reserves and Production in Daqing Oilfield of China. *Energy*, 2010, 35 (7): 3097 – 3102.

Tang Xu. The New China-Canada Petroleum Cooperation Picture. *Geopolitics of Energy*. 2010, 32 (4): 10 – 15.

Wright D. J. The Natural Resource Requirements of Commodities. *Applied Economics*, 1975, 7 (1) : 31 – 39.

Xu Ming, Li Ran, Crittenden J. C. , Chen Yongsheng. CO_2 Emissions

Embodied in China's Exports from 2002 to 2008: A Structural Decomposition Analysis. *Energy Policy*, 2011, 39 (11): 7381 – 7388.

Youngho Chang, Joon Fong Wong. Oil Price Fluctuations and Singapore Economy. *Energy Policy*, 2003, 31: 1151 – 1165.

Zhang ZhongXiang. Who Should Bear the Cost of China's Carbon Emissions Embodied in Goods for Exports? *Mineral Economics*, 2012, 24 (2): 103 – 117.

附录
投入产出表更新的迭代程序

```
Private Sub CommandButton1_ Click（）
Sheets（"sheet1"）. Select
定义相应的数据和变量
Dim G（8, 8）
Dim A（8, 8）
Dim Row（8）
Dim Col（8）
Dim ba As Double
ba = 1
导入行和、初始矩阵和中间矩阵
    For i = 1 To 8
        Row（i）= Sheets（"Sheet1"）. Cells（i + 1, 11）. Value
        For j = 1 To 8
        G（i, j）= Sheets（"Sheet1"）. Cells（i + 1, j + 1）. Value
        A（i, j）= G（i, j）
        Next j
    Next i
```

导入列和

For j = 1 To 8

   Col （j） = Sheets （"Sheet1"）. Cells （11，j + 1）. Value

Next j

检查行和列和是否一致

rsum = 0

csum = 0

  For i = 1 To 8

    rsum = rsum + Row （i）

Next i

For j = 1 To 8

   csum = csum + Col （j）

Next j

如果行和列和不一致，则按比例调整列和向量的元素值

If csum ＜ ＞ rsum Then

   ba = rsum/csum

   For j = 1 To 8

    Col （j） = Col （j） ∗ ba

   Next j

End If

RAS 迭代

iter = 0

Top：

   iter = iter + 1

   rdismax = 0

   cdismax = 0

利用列乘数右乘中间矩阵

For j = 1 To 8

   csum = 0

```
    For i = 1 To 8
        csum = csum + A（i, j）
    Next i
If（Abs（csum）> 0）Then
   csum = Col（j）/csum
   Else：csum = 0
   End If
For i = 1 To 8
A（i, j）= A（i, j）* csum
Next i
```

计算矩阵的列和与给定的列和之间的差距

```
dis = Abs（csum - 1）
If（dis > cdismax）Then
cdismax = dis：
cdis = csum - 1：
jmax = j
End If
Next j
```

利用行乘数左乘中间矩阵

```
    For i = 1 To 8
    rsum = 0
    For j = 1 To 8
     rsum = rsum + A（i, j）
Next j
If（Abs（rsum）> 0）Then

rsum = Row（i）/rsum
Else：rsum = 0
End If
```

```
For j = 1 To 8
A (i, j) = A (i, j) * rsum
Next j
```

计算矩阵的行和与给定的行和之间的差距

```
dis = Abs (rsum - 1)
If (dis > rdismax) Then
rdismax = dis：
rdis = rsum - 1
imax = i
End If
Continue：Next i
```

判断迭代是否有效

```
If (cdismax > rdismax) Then
dismax = cdismax
Else：dismax = rdismax
End If
```

设定迭代终止的条件

```
If (iter < 50000 And dismax > 0.000001) Then
   GoTo Top
End If
If (dismax > 0.000001) Then
   Beep
End If
Cells (22, 1) = ba
```

记录最终的结果矩阵

```
For i = 1 To 8
   For j = 1 To 8
   If Row (i) = 0 Then
   Cells (i + 22, j + 1) . Value = 0
```

```
        Else：Cells（i＋22，j＋1）. Value = A（i，j）＊ ba
        End If
        Next j
    Next i
    Beep
    Worksheets（"sheet1"）. Activate
    End Sub
    Private Sub CommandButton2_ Click（）
    Range（"B23：I30"）. ClearContents
    End Sub
```

图书在版编目(CIP)数据

石油产业的经济波及效应/唐旭,张宝生著. —北京:社会科学
文献出版社,2014.4
ISBN 978 - 7 - 5097 - 5604 - 1

Ⅰ.①石…　Ⅱ.①唐…②张…　Ⅲ.①石油工业 - 产业经济学 -
研究 - 中国　Ⅳ.①F426.22

中国版本图书馆 CIP 数据核字(2014)第 012420 号

石油产业的经济波及效应

著　　者／唐　旭　张宝生

出 版 人／谢寿光
出 版 者／社会科学文献出版社
地　　址／北京市西城区北三环中路甲 29 号院 3 号楼华龙大厦
邮政编码／100029

责任部门／经济与管理出版中心　(010) 59367226　　　责任编辑／林　尧　高　雁
电子信箱／caijingbu@ ssap. cn　　　　　　　　　　　责任校对／岳爱华
项目统筹／恽　薇　　　　　　　　　　　　　　　　　责任印制／岳　阳
经　　销／社会科学文献出版社市场营销中心　(010) 59367081　59367089
读者服务／读者服务中心 (010) 59367028

印　　装／三河市尚艺印装有限公司
开　　本／787mm×1092mm　1/16　　　　　　　　　印　　张／13.75
版　　次／2014 年 4 月第 1 版　　　　　　　　　　　字　　数／196 千字
印　　次／2014 年 4 月第 1 次印刷
书　　号／ISBN 978 - 7 - 5097 - 5604 - 1
定　　价／55.00 元

本书如有破损、缺页、装订错误,请与本社读者服务中心联系更换

▲ 版权所有　翻印必究